Jürgens/Sacher

Leistungserziehung und Leistungsbeurteilung

Eiko Jürgens
Werner Sacher

Leistungserziehung und Leistungsbeurteilung

schulpädagogische Grundlegung und Anregungen für die Praxis

Studientexte
für das Lehramt
Band 6
herausgegeben von
Eiko Jürgens

Luchterhand

Die Deutsche Bibliothek – CIP-Einheitsaufnahme

Jürgens, Eiko:
Leistungserziehung und Leistungsbeurteilung: schulpädagogische Grundlegung und Anregungen für die Praxis
Eiko Jürgens; Werner Sacher. – Neuwied; Kriftel: Luchterhand 2000
(Studientexte für das Lehramt; Bd. 6)
ISBN 3-472-03973-6

www.luchterhand.de

Umschlag: Ute Weber GrafikDesign, Geretsried
Satz: LHF Satzstudio GmbH, Düsseldorf
Papier: Permaplan von Arjo Wiggins Spezialpapiere, Ettlingen.
Druck: Neuwieder Verlagsgesellschaft mbH, Neuwied
Printed in Germany, August 2000

♾ Gedruckt auf säurefreiem, alterungsbeständigem und chlorfreiem Papier.

Inhalt

Vorwort des Herausgebers

Ebenso wie Lernen und Leisten aufeinander verwiesen sind, ist die Thematik der Schulleistung auf das Engste mit der Leistungserziehung und der Leistungsbeurteilung verbunden. Wer sich während seiner Ausbildung und seiner Praxis mit den aktuellen Entwicklungen auseinander setzt, wird nicht umhin können, diesen Zusammenhang zu beachten und für die eigene Standortsuche zu berücksichtigen. Letztlich ist es nicht möglich, Leistungserziehung vom allgemeinen Auftrag der Schule zu trennen, indem so getan würde, als könnte man sich dieser Problematik selbst mit einer gewissen Neutralität nähern bzw. die mit der Auseinandersetzung auftretenden Fragestellungen kontextunabhängig beantworten. Nur wenn geklärt ist, auf welches Lernverständnis Schule verpflichtet werden soll, kann überhaupt darüber entschieden werden, was darauf bezogen als Schülerleistung gefordert und gefördert werden soll und was nicht. Deshalb nimmt diese Veröffentlichung ihren Ausgang auch nicht bei der Fragwürdigkeit von Zensur und Zeugnis und der immer wieder zu neuem Streit Anlass gebenden Pro- und Kontra-Diskussion, sondern bei grundlegenden Ausführungen zum pädagogischen Leistungsbegriff. Daran schließen sich die wichtigsten wissenschaftlichen Erkenntnisse und empirischen Forschungsergebnisse zur generellen Problematik der Zensurengebung als die häufigste Beurteilungsform in der Schule an, um dann nach Darlegung systematischer Beurteilungsfehler schwerpunktmäßig auf die Konzeption von Prüfungen, die Bewertung von Prüfungsergebnissen und die Analyse von Aufgaben und Prüfungen zu sprechen zu kommen.

Das Buch richtet sich zwar in erster Linie an Lehramtsstudierende der 1. und 2. Ausbildungsphase, kann aber darüber hinaus sowohl Praktikern als auch Wissenschaftlern eine Fülle von fundierten Informationen bieten, die für deren Arbeit unverzichtbar sind. Von daher handelt es sich gleichermaßen um ein Lehr- und Lernbuch, mit dem eine fundierte Darstellung zur Einführung in das Themengebiet »Leistungserziehung und Leistungsbeurteilung« vorgenommen wird und die Leserin bzw. der Leser das nötige Hintergrundwissen vermittelt bekommt, um sich qualifiziert zu Fragen der Schulleistung und ihrer Beurteilung zu Wort zu melden und sich sowohl in die wissenschaftliche als auch öffentliche Diskussion kompetent einmischen zu können.

Bielefeld, im August 2000 — Eiko Jürgens

1. Braucht die Schule ein pädagogisch legitimiertes Leistungsprinzip?

1.1 Schule im Wandel – andere Kindheiten und andere Jugendzeiten

Fraglos haben wir es heute mit anderen gesellschaftlichen Ausgangsbedingungen zu tun als noch vor 10 oder gar 20 Jahren. Kinder und Jugendliche wachsen in eine Gesellschaft hinein, die einem rasanten Wandel durch die Neuen Medien unterworfen ist und deren Berufswelt u. a. durch die Nutzung neuer Technologien, darunter vor allem die Anwendung neuer Informations- und Steuertechniken, mehr und mehr bestimmt wird. Die Beherrschung moderner Kommunikationstechnologien wird zu einer grundlegenden Qualifikation werden, »deren Stellenwert dem Lesen, Schreiben und Rechnen gleichkommt« (Bildungskommission NRW 1995, S. 44). Aber nicht allein in künftigen Berufszusammenhängen wird die zunehmende Verbreitung technologischer Innovationen auf dem Gebiet von Informationsverarbeitung und Informationsaufbereitung zu neuen Anforderungen an das Individuum führen. Ebenso wird das gesamte gesellschaftliche Zusammenleben zunehmend stärker durch den mitunter »erzwungenen« Gebrauch neuer Informations- und Kommunikationstechnologien bestimmt. Die Schnelligkeit, mit der sich neue Technologien einander ablösen, wird sich beständig erhöhen. Für die Menschen bedeutet dies, sich immer wieder auf neue Situationen einstellen zu müssen, d. h. bereit zu sein, sich flexibel und kreativ zu verhalten und um- bzw. neu zu lernen. Das Leben in der Gesellschaft wie auch das berufliche Leben werden künftig vom »lebenslangen Lernen« durchwirkt sein, womit sehr viel mehr gemeint ist, als die Tatsache, dass wir von der Geburt an bis zu unserem Lebensende ständig Neues hinzulernen. Weil die »Halbwertzeit« erworbener Qualifikationen für bestimmte Tätigkeiten beträchtlich sinken wird, bleibt dem Einzelnen gar nichts anderes übrig, als mehrfach während seines Erwerbslebens und ebenfalls in seinem privaten Leben radikal um- bzw. völlig Neues zu lernen. Ein mehrfacher Wechsel der Tätigkeitsfelder wird wahrscheinlich die künftige Erwerbsarbeit in vielen beruflichen Kontexten begleiten (vgl. ebenda). Die Entwicklung und Stützung der Bereitschaft zu »lebenslangem Lernen« wird ebenso eine Aufgabe der heutigen Schule sein müssen wie die Schaffung einer Lern- und Unterrichtskultur, in der bzw. durch die die Schülerinnen und Schüler angeregt werden, »mehr abstrakte, theoretische, systematische, dispositive und planerische Denkleistungen und ein größeres Verständnis von komplexen Zusammenhängen« zeigen zu können (vgl. ebenda).

Jedoch nicht allein die zunehmende Mediatisierung, die große Chancen und große Risiken sowohl für den Einzelnen als auch die Gesellschaft in ihrer Gesamtheit bietet, stellt die Schule der Zukunft vor neue Herausforderungen. Ebenso gravierend wirken sich die veränderten Aufwachsensbedingungen von Kindern und Jugendlichen aus. Vielfach belegt ist, dass das elterliche Erziehungsverhalten, der Umgang mit den Kindern und das häusliche Zusammenleben in unterschiedlichen Ausprägungen einem grundlegenden Wandel unterlegen ist und zu neuen Einsichten bzw. Akzentverschiebungen geführt hat. Vereinfachend hieße dies, Eltern wollen tendenziell weniger autoritätsfixiert handeln und setzen mehr auf Selbstständigkeit und Eigenverantwortlichkeit ihrer Kinder. Zugenommen zu haben scheint allerdings auch der Rückzug von Eltern aus ihrer Erziehungsverantwortung, indem sie Erziehung als (potenziell konfliktträchtige) Beziehungsarbeit vermeiden. Erziehungsunsicherheit und Verweigerung von Erziehungsaufgaben fallen teilweise zusammen und lassen Eltern die Haltung einnehmen, andere gesellschaftliche Institutionen sollten sich ihrer Kinder annehmen, weil zum einen schließlich diese für diesen Zweck eingerichtet worden wären und zum anderen das dort arbeitende Personal sehr viel besser als sie selbst für die Durchführung geeigneter Erziehungsmaßnahmen ausgebildet seien (vgl. Rolff 1989, Büchner 1983, Jürgens 2000).

In der Einflussnahme auf die Entwicklung kultureller Leitbilder der Kinder und Jugendlichen gewinnt die Peer-Group gegenüber dem Elternhaus und institutionellen pädagogischen Einrichtungen, allen voran die Schule, an Bedeutung. Informelle Freizeitgruppen übernehmen für immer mehr Heranwachsende zu einem immer früheren Zeitpunkt Funktionen der Enkulturation und Sozialisation; bieten ihren Mitgliedern individuellen Halt und Sicherheit sowie emotionelle Eingebundenheit durch Orientierung an gemeinsam gültigen Wertüberzeugungen und einem für alle geltenden Normenkodex. Gegenüber den in zunehmendem Maße in Familien zu beobachtenden sozialen Auflösungserscheinungen werden in den Peer-Groups von den Mitgliedern verlässliche soziale Binnenstrukturen geschaffen. Allerdings sollte nicht unterschlagen werden, dass diese sozialen Bindungen mit teilweisem Verlust individueller Entscheidungsfreiheit und mit einer Unterordnung persönlicher Wünsche und Interessen unter den »Cliquengeist« verknüpft sind.

Noch mindestens durch zwei weitere Phänomene ist die heutige Kindheit und die Jugendzeit gekennzeichnet. Erstens ist ein deutlicher Wandel im Spiel- und Freizeitverhalten festzustellen. Die herkömmlichen Spiel- und Aktionsräume bestehen nicht mehr wie früher, die Verstädterung der Landschaft hat ebenso zugenommen wie der Straßenverkehr. Die zurückgegangene Kinderzahl macht es schwieriger, spontane Gruppenspiele zu organisieren, weil schlichtweg die nötige Anzahl von Mitspielern nicht erreicht wird. Durch diese Entwicklung sind Kindern und Jugendlichen Streifräume im näheren Familienumfeld verloren gegangen, was u. a. dazu geführt hat, dass das Erleben von Primärerfahrungen in der nahen Umwelt ebenso abgenommen hat wie das eigenaktive Aneignen von »Welt«. Tendenziell hat sich sogar eine spezielle Kinderkultur herausgebildet, die einerseits an die verstärkte Nutzung von (kommerziellen) Institutionen und pädagogisch organisierten Freizeiteinrichtungen gebunden ist und die andererseits sich durch elterliche Überbehütung und kontrollierende Fürsorge auszeichnet. In einer nicht zu unterschätzenden Größenordnung werden Kinder täglich von ihren Eltern zur Wahrnehmung von irgendwelchen Aktivitäten mit dem Auto gefahren und vielfach werden Verabredungen ebenfalls von ihnen für die Kinder vorgenommen. Demgegenüber ist es ebenfalls unbestritten, dass vielen Kindern und Jugendlichen eine geeignete Betreuung fehlt und sie in ihrer freien Zeit sich selbst überlassen sind, weil sie währenddessen zu Hause keinen Ansprechpartner haben, was zu schwerwiegenden Problementwicklungen führen kann.

Die Offenheit der Gesellschaft und die Vielfalt der individuell realisierbaren Lebensstile bieten den Heranwachsenden viele Chancen eigener Zukunftsgestaltung, allerdings nicht frei von Risiken. Kinder und Jugendliche sind heute gehalten, ihre Biografie schon in jungen Jahren im Wesentlichen selbst zu bestimmen und für zum Teil weit reichende Weichenstellungen selbst die Verantwortung zu übernehmen. Dies setzt voraus, dass Heranwachsende schon sehr früh die Fähigkeit ausbilden müssen, sich selbst eigene Ziele zu setzen und über sich selbst und die eigene Lebensgestaltung bzw. Zukunftsplanung zu reflektieren. Einerseits machen Kinder und Jugendliche die Erfahrung, dass ihnen viel zugetraut wird und von ihnen frühe Selbstständigkeit erwartet wird, aber andererseits zeigen sie mitunter auch Zeichen der Überforderung und Hilflosigkeit angesichts dieser dann als belastend empfundenen Herausforderung. »Viele Jugendliche übernehmen heute früh das Risiko der Zukunftsplanung und tragen damit auch ihren Anteil an Risiken des Scheiterns. Kinder und Jugendliche profitieren zwar von den Chancen der individuellen Lebensgestaltung, sie sind aber zugleich konfrontiert mit den damit verbundenen Belastungen durch Orientierungsschwierigkeiten, soziale Unsicherheit und psychische Irritationen« (Bildungskommission NRW, S. 37).

Auffällig am gesellschaftlichen Wandel der Aufwachsensbedingungen von Kindern und Jugendlichen unter den genannten Perspektiven dürfte die durchgehende Widersprüchlichkeit und Chancenungleichheit sein, d. h. ein Großteil der Kinder und Jugendlichen wird die gebotenen Chancen sehr viel besser für sich nutzen können als ein anderer Teil. Auf Grund der wachsenden gesellschaftlichen Heterogenität in den sozio-kulturell und sozio-ökonomisch bestimmten Statuslagen der Familien bzw. Lebensgemeinschaften kommt es zu eklatanten Bevorzugungen bei gleichzeitiger Zementierung von Benachteiligung. Demzufolge hat sich nur für eine Gruppe der Heranwachsenden ein wirkliches Mehr an Chancen ergeben, während für andere Jugendliche diese oft nur theoretisch bestehen, wenn sie nicht von außen Unterstützung dabei erfahren, Fähigkeiten auszubilden, die erforderlich sind, um wenigstens nicht von vornherein von der allgemeinen gesellschaftlichen Entwicklung abgekoppelt zu werden. Für die Schule bedeutet dies, ihren Erziehungs- und Bildungsauftrag verstärkt unter dem Blickwinkel der Chancenausgleichsfunktion wahrzunehmen. Die Ansprüche an die pädagogische Arbeit in den Schulen werden auf allen Gebieten wachsen. Kinder und Jugendliche mit erheblichen Lebensproblemen werden nicht gleichbehandelt werden können wie andere Heranwachsende, die davon verschont geblieben sind. Lernschwierigkeiten haben bekanntlich eine Palette verschiedener Faktoren zur Ursache, aber ein Hauptgrund dürfte in den bedrückenden Lebenssituationen und den daraus resultierenden Lebensproblemen der Betroffenen auszumachen sein. Darauf hat die Schule zu reagieren, wenn sie sich nicht dem Vorwurf aussetzen will, (unverschuldeter) Benachteiligung des Individuums gegenüber gleichgültig zu sein. Unter anderem wird die Bedeutung der sozialen Kompetenz steigen, was sich in der Orientierung der Schülerinnen und Schüler auf

- »die Fähigkeit, die Arbeitssituation des Lernens zu verstehen, anzuerkennen und zu gestalten,
- die Befähigung zur Selbststeuerung in der fachlichen, gesellschaftlichen und normativen Orientierung,

- die Aneignung von ›social skills‹, der Aufbau sozialer Kompetenzen und gesellschaftlicher Verantwortungsbereitschaft,
- die Entwicklung der Fähigkeit, sich zurechtzufinden, sich in der Welt zu bewegen sowie an ihrer Weiterentwicklung teilhaben zu wollen« (ebenda, S. 33),

zeigt.

Weil Lernen eng verknüpft ist mit der eigenen Motivlage, muss für den Lernenden erkennbar sein, worin für ihn persönlich der Lerngewinn liegt, wenn er etwas lernen soll. Große Bedeutung kommt in diesem Zusammenhang der Gegenwartsbedeutung des Lernens zu. Schule ist nicht nur gefordert, erschwerende Lebensproblematiken von Schülerinnen und Schülern zum Ausgang ihrer Lernforderungen zu machen, sondern ganz allgemein die persönliche Lebenssituation der Heranwachsenden. Eine engere Verknüpfung von gegenwärtiger Lebensproblematik und schulischem Unterricht entwickelt persönliche Motive zur Auseinandersetzung, weil es einerseits um wirkliche Lernprobleme geht und andererseits ihre Bewältigung zu einer Erweiterung der aktuell relevanten persönlichen Handlungsfähigkeit führt. Es ist demnach uneingeschränkt zuzustimmen, wenn das in Schule Gelernte so weit wie möglich als sinnvoll für die persönliche Lebenssituation begriffen wird und die Gestaltung des Unterrichts sich daher daran orientieren sollte, »dass Schülerinnen und Schüler lernen können, ihre Lebenssituation im ›Hier und Heute‹ zu thematisieren und Wege zu finden, diese bewältigen zu können. Schülerinnen und Schüler müssen ihre Schule auch als Lebensraum erfahren können. Schule lebt insofern auch aus der Vielfalt der Begegnungsmöglichkeiten innerhalb der Schule und in ihrer Beziehung zum schulischen Umfeld. Freie Unterrichtsformen können ebenso helfen wie eine kommunikative und freundliche Gestaltung des Schullebens und die Einbeziehung von Eltern und außerschulischen Partnern« (ebenda, S. 40).

Zusammenfassend lässt sich konstatieren: Schule hat sich der veränderten Aufwachsens- und Lebenssituation der Kinder und Jugendlichen, die sich auf Grund der tief greifenden sozialen und ökonomischen Veränderungen ergeben hat, in Form einer darauf abgestimmten Erziehungs- und Bildungsqualität zu stellen. Um auf die neuen Anforderungen angemessen reagieren zu können, bedarf es eines Nachdenkens über das künftige Kompetenzprofil, das Schule künftigen Schülergenerationen zu vermitteln hat. Damit stellt sich die Frage nach dem Lernen, das unter den veränderten gesellschaftlichen Vorzeichen neu zu bestimmen ist, was sicherlich nicht zwangsläufig heißen muss, dass das bisherige schulische Lernspektrum vollkommen überflüssig geworden ist. Im Grunde geht es eher um eine Erweiterung des herkömmlichen schulischen Lernverständnisses, um einige wichtige Aspekte, die allerdings nicht einfach additiv hinzugefügt werden, sondern zusammen mit dem bisherigen Kernbestand zu einem neuen »Konstrukt« verschmolzen werden müssten. Von der Neufassung des schulischen Lernens ist unmittelbar das schulische Leistungsverständnis betroffen, weil Lernen und Leisten aufeinander bezogen sind und demzufolge muss einhergehend mit einer Erweiterung des Lernbegriffs eine Revision des schulischen Leistungsbegriffs erfolgen. Ausgehend von den zukunftsorientierten Anforderungen an Schule und Unterricht wird deshalb im nächsten Schritt zu klären sein, welche Kompetenzen die Schülerinnen und Schüler zukünftig zur Bewältigung ihres gesellschaftlichen und beruflichen Lebens benötigen, und was sie davon während ihrer Schulzeit vermittelt bekommen sollen und welche Konsequenzen dies für die unterrichtliche Lern- und Leistungskultur nachsichzieht. Mitzubetrachten wird in diesem Kontext die Frage sein, welche Kernaufgaben und Schwerpunktsetzungen die Schule für Erziehung und Bildung vorsieht.

1.2 Erweiterter Lernbegriff – Vermittlung von Schlüsselqualifikationen

Schulisches Lernen ist das Bindeglied zwischen dem, was unter schulischer Bildung verstanden und dem, was in das schulische Kompetenzmodell aufgenommen werden soll. Die Bildungskommission NRW hat sich der Mühe unterzogen, Elemente eines zeitgemäßen Bildungsbegriffs herauszuarbeiten und sich bei ihrem Vorgehen davon leiten lassen, Bildung in erster Linie als ein Können und weniger als ein bloßes Sich-Auskennen in Bildungsbeständen zu verstehen. Anregen lassen hat sie sich dabei von der Bildungsidee von Wilhelm von Humboldt, für den ein »Gebildeter« jemand ist, der »so viel Welt« als möglich zu ergreifen, und so eng, als er nur kann, mit sich zu verbinden sucht (vgl. ebenda, S. 30). Daran orientierend soll Bildung »als individueller, aber auf die Gesellschaft bezogener Lern- und Entwicklungsprozess verstanden werden, in dessen Verlauf die Befähigung erworben wird,

- den Anspruch auf Selbstbestimmung und die Entwicklung eigener Lebens-Sinnbestimmungen zu verwirklichen,

- diesen Anspruch auch für alle Mitmenschen anzuerkennen,
- Mitverantwortung für die Gestaltung der zwischenmenschlichen Beziehungen und der ökonomischen, gesellschaftlichen, politischen und kulturellen Verhältnisse zu übernehmen und
- die eigenen Ansprüche, die Ansprüche der Mitmenschen und die Anforderungen der Gesellschaft in eine vertretbare, den eigenen Möglichkeiten entsprechende Relation zu bringen« (ebenda, S. 31).

Bildung wird demzufolge als eine Idee verstanden, die es dem Einzelnen ermöglicht, sich die Phänomene der »Welt« eigenständig zu erschließen, in gesellschaftliche Zusammenhänge eingebunden zu sein und sich an gesellschaftlichen Entwicklungen beteiligen zu können, wenn er es wünscht und er es aus individueller und/oder sozialer Verantwortung für richtig hält, sowie generell über sich frei entscheiden zu können. Damit ergibt sich schon, dass eine dementsprechende Bildung mehr sein muss, als die Abbildung gesellschaftlich nützlicher Qualifikationen und dies wird dann auch in dem schulischen Lernen zum Ausdruck kommen müssen. Bildung unter der gegenseitigen Perspektive verfolgt deshalb einen »ganzheitlichen« Anspruch, der auf die »allseitige Ausbildung der Kräfte des Individuums« (Wilhelm von Humboldt) und grundlegende gesellschaftliche Prozesse und Bereiche abzielt. Vor allem ist mit dem »ganzheitlichen« Bildungsverständnis beabsichtigt, Schule zu einem Ort zu machen, an dem in Affinität dazu, »ganzheitliche« Lernkompetenz vermittelt wird, in deren Zentrum anwendungsbezogenes Wissen und Handlungskompetenz stehen. Im Konzept der »ganzheitlichen« Lernkompetenz werden Sach-, Ich-, Methoden- und soziale sowie emotionale Kompetenzfelder auf der Grundlage der sachlich-fachlichen und überfachlichen Lehrplaninhalte sowie den allgemeinen Lernzielen zusammengeführt. Das »ganzheitliche« Lernkompetenzmodell, welches beispielsweise den neuen Lehrplänen des Landes Thüringen zu Grunde liegt (vgl. Thüringer Institut für Lehrerfortbildung, Lehrplanentwicklung und Medien 1998), ist als ein verschiedene Teilkompetenzen integrierendes Modell zu verstehen.

Mit der Frage nach den notwendigen Kompetenzen zur Bewältigung der neuen Anforderungen wird die Diskussion um die so genannten Schlüsselqualifikationen verbunden. Oft findet eine begriffliche Gleichsetzung statt. Nach Fasholz (1997) lassen sich Schlüsselqualifikationen als »erwerbbare allgemeine Fähigkeiten, Einstellungen und Strategien, die bei der Lösung von Problemen und beim Erwerb neuer Kompetenzen in möglichst vielen Inhaltsbereichen von Nutzen sind«, bestimmen (S. 554). Unter dieser Einlassung sind Schlüssel-

qualifikationen – zumindest teilweise – als Meta-Kompetenzen zu verstehen, mit deren individueller Verfügbarkeit das Individuum weitere Kompetenzen für sich erschließen kann.
»Ganzheitliche« Lernkompetenz lässt sich deskriptiv beispielsweise über einen Katalog von Schlüsselqualifikationen porträtieren, wie ihn Vaupel (1998, S. 50) zusammengetragen hat.

Schlüsselqualifikationen

Lern- und Arbeitstechniken
- Beherrschung verschiedener Methoden
- Fähigkeit zu abstrahieren
- Transferfähigkeit

Organisation und Durchführung einer Arbeitsaufgabe
- Planen und organisieren
- Genauigkeit
- Zielstrebigkeit
- Organisationsfähigkeit
- Koordinationsfähigkeit
- Systematisches Vorgehen

Problemlösungs- und Entscheidungskompetenz
- Probleme erkennen
- Verfahren zur Problemlösung und Problemstrukturierung anwenden
- Logisches Denken in Systemen
- Kenntnis von Konsequenzen bei Eingriffen in das System

Flexibilität und Kreativität
- Ideen entwickeln und umsetzen
- Fähigkeit zur Mitgestaltung (Arbeitsplanung, -organisation)
- Sich auf neue Situationen einstellen
- Selbstständiges Einarbeiten in neue Aufgabenbereiche

Selbstständigkeit und Eigeninitiative
- Eigeninitiative entwickeln
- Verantwortung übernehmen
- Zuverlässigkeit
- Umsichtiges Handeln
- Selbstkritik
- Ergebnisse beurteilen
- Entscheidungen treffen

Kommunikation und Kooperation

- Bereitschaft und Fähigkeit zur Teamarbeit
- Sich besprechen und andere informieren
- Einfühlungsvermögen entwickeln
- Mit Kritik umgehen können

Die zusammengetragenen Schlüsselqualifikationen können – wie bereits oben angesprochen – teilweise als Partialkompetenzen betrachtet werden, teilweise sind sie aber auch als kategoriale Kompetenzen zu verstehen, die zielleitend für die Vermittlung von Lern- und Handlungskompetenz sind. Unübersehbar dürfte sein, dass die aufgeführten Schlüsselqualifikationen nicht unabhängig voneinander verwirklicht werden können, weil zwischen ihnen notwendige Überschneidungen und beziehungsreiche Abhängigkeiten auftreten.

Ein anderes Vorgehen wird beschrieben, wenn allein von einem allgemeinen schulischen Kompetenzmodell ausgegangen wird, in das die gewünschten Schlüsselqualifikationen integriert sind und das als Folie für alle weiteren pädagogischen Entscheidungen dient.

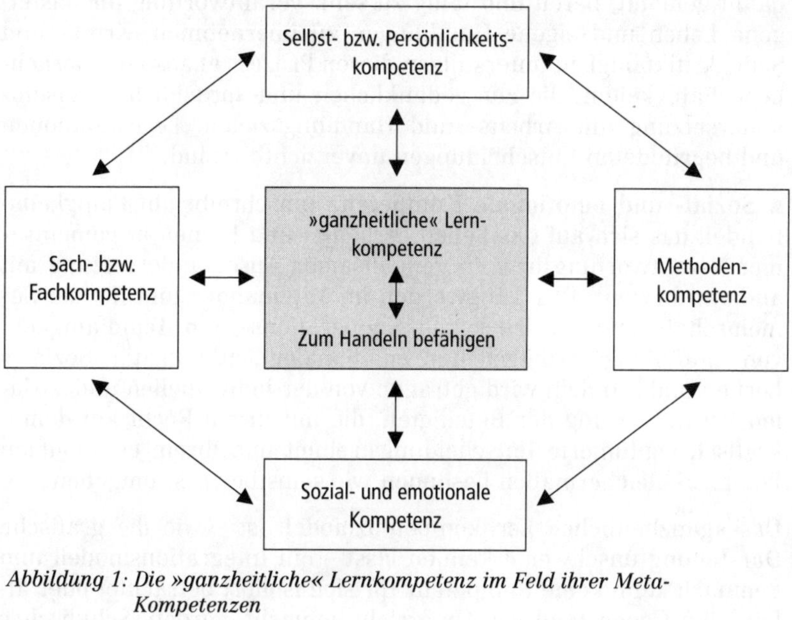

Abbildung 1: Die »ganzheitliche« Lernkompetenz im Feld ihrer Meta-Kompetenzen

- **Sach- bzw. Fachkompetenz** gründet auf fachlichen Lern- und Handlungszielen und äußert sich im fachlichen Wissens- und Handlungszusammenhang. Ihre Güte und Tragfähigkeit zeigt sich in situationsangemessener und sachlich korrekter Bewältigung von fachlichen Aufgabenstellungen.

- **Methodenkompetenz** basiert auf der Kenntnis geeigneter Instrumente und Verfahren, deren Einsatz der Planung, Durchführung und Reflexion einer Lernproblematik zugute kommt. Je breiter das individuelle Methodenrepertoire ausgelegt ist, desto besser wird es gelingen, passgenau auf die richtigen Lern- und Arbeitstechniken sowie Beurteilungstechniken etc. zurückzugreifen. Im weiten Sinne können unter Methodenkompetenz auch Lern- und Arbeitsstrategien ebenso eingeordnet werden wie metakognitive Lernstrategien, die zur eigenen Bewertung des realisierten Lernprozesses unerlässlich sind.

- **Selbst- bzw. Persönlichkeitskompetenz** lässt sich als Fähigkeit verstehen, eigene Stärken und Schwächen wahrzunehmen und in einem realistischen Selbstbild zum Ausdruck zu bringen. Weiter ist damit gemeint, bereit und fähig zu sein, Verantwortung für das eigene Leben und eigene Handlungen zu übernehmen. Kritik- und Selbstkritikfähigkeit unterstützen diesen Prozess ebenso wie sprachliche Fähigkeiten, die zur gedanklichen und sprachlichen Auseinandersetzung mit Arbeits- und Handlungszielen, Lernsituationen und begründeten Entscheidungen unverzichtbar sind.

- **Sozial- und emotionale Kompetenz** umschreibt ein Fähigkeitsbündel, das sich auf das Leben, Arbeiten und Lernen in gemeinsamer Verantwortung bzw. in gemeinsamer Auseinandersetzung mit anderen bezieht. Das Tätigwerden im Miteinander und für die Gemeinschaft sind Ausdruck von Kooperations- und Teamfähigkeit, von Einfühlungsvermögen und emotionaler Authentizität. Soziales Lernen und Handeln wird getragen von der individuellen und sozialen Verantwortung der Beteiligten, die mit ihrem Recht auf demokratisch legitimierte Entscheidungsfreiheit und ihrem emotionalen Potenzial gleichermaßen besonnen wie selbstbewusst umgehen.

Das »ganzheitliche« Lernkompetenzmodell ist – wie die grafische Darstellung unschwer erkennen lässt – ein Integrationsmodell und demnach kann keine Kompetenz für sich isoliert betrachtet oder allein zum Gegenstand von Unterricht gemacht werden. Schulisches Lernen wird dieser Bedingung insofern Rechnung tragen, indem eine lernbegriffliche Definition kompatibel mit dem »ganzheitlichen«

Lernkompetenzmodell ist, das wiederum den Forderungen nach Vermittlung von Schlüsselqualifikationen Rechnung trägt. Dementsprechend könnte für Schule und Unterricht ein Lernbegriff entworfen werden, der diese Schwerpunkte enthält:

- Überwindung des einseitig auf Lernergebnisse orientierten Vermittlungsparadigmas, in dessen Zentrum reproduziertes und reorganisiertes, leicht überprüfbares Faktenwissen steht.
- Verstärkung des Tätigkeitsparadigmas, indem der Schüler zum Subjekt »seines« Lernens gemacht und ihm ermöglicht wird, Selbstwirksamkeit und Eigenverantwortlichkeit zu erfahren.
- Lernprozesse erhalten eine größere Beachtung und das Aufeinanderverwiesensein von Lernaneignung und Lernergebnis wird berücksichtigt.
- Entwicklung von Interessen ist ein zentrales Ziel schulischen Lernens.
- Hinzugewinn von anwendungsbezogenem Wissen und von Handlungskompetenz wird angestrebt.
- Verbindung von individuellem und sozialem Lernen; Möglichkeiten zu emotionalem Lernen werden eröffnet.
- Verzahnung von fachlichem und überfachlichem Lernen; Lernen findet in Zusammenhängen und zur (Lern)Identitätsfindung statt; jedenfalls in Verknüpfung mit Alltagsfragen und relevanten Alltagsproblemen bzw. übergeordneten Lebensproblemen.
- Problemmotiviertes, vielfältiges Lernen in Verbindung mit unterschiedlichen fachlichen und überfachlichen Inhalten auf der Grundlage anspruchsvoller Aufgaben trägt der Mehrdimensionalität und der gewollten »ganzheitlichen« Lernkompetenz Rechnung.
- Die Vermittlung von geeigneten Lerntechniken und Lernstrategien ist selbst Gegenstand schulischen Lernens und wird nicht stillschweigend vorausgesetzt.

Selbstverständlich stellt der Aufbau von Lernkompetenz gemäß des integrierenden Kompetenzmodells veränderte Anforderungen an die Gestaltung der Lehr- und Lernarrangements, d. h. es gilt, eine Lern- und Unterrichtskultur zu entwickeln, in der es vielfältige Möglichkeiten zu selbst gesteuertem, explorierendem und sinnbezogenem Lernen gibt und möglichst viele und unterschiedliche Partialkomponenten von »ganzheitlicher« Lernkompetenz anhand von fachlichen und überfachlichen Inhalten angesprochen und angewendet werden. Jedoch bedingt eine Erweiterung des Lernbegriffs nicht lediglich eine Modifikation der Unterrichtsdidaktik, sondern darüber hinaus macht dieser selbst eine Erweiterung des Leistungsbegriffs unabweisbar, weil ansonsten die Leistungsbeurteilung vom schulischen Lernverständnis mehr oder weniger stark abgekoppelt würde. Der erweiterte Lernbegriff muss demnach mit einem (pädagogisch begründeten) erweiterten Leistungsbegriff korrespondieren, wenn Lern- und Leistungsförderung in der Schule nicht in Widerspruch zueinander geraten sollen.

1.3 Schulische Leistungserziehung – ganzheitlich verstanden

Niemand wird bestreiten, dass in unserer Gesellschaft Leistungen erbracht werden müssen, sowohl um als Individuum innerhalb der Gesellschaft bestehen zu können als auch damit die Gesellschaft als Ganzes bewahrt und weiterentwickelt werden kann. Die zentrale Frage ist jedoch, welchen Stellenwert Leistungen beispielsweise im gesellschaftlichen oder schulischen Kontext haben sollen, welchen Sinn sie haben (sollen) und vor allem welchem Zweck sie dienen. Weiter ließe sich fragen, ob eine generelle Unterscheidung zwischen einem gesellschaftlichen Leistungsverständnis und einem schulischen besteht. Oder mit anderen Worten, ob es für die Schule ein eigenes, mit pädagogischen Begründungen versehenes Leistungsprinzip geben müsste, weil Schule unter anderen Bedingungen und mit anderen Zielstellungen durchgeführt und deshalb auf anderen Mechanismen beruht als gesellschaftliche Zu- und Verteilungsverfahren. Es lassen sich eine Reihe guter Argumente dafür finden, das schulische Leistungsverständnis aus der pädagogischen Perspektive abzusichern, weil mit schulischer Leistungsförderung und Leistungserziehung andere Schwerpunkte gesetzt werden, als mit der Proklamation des überwiegend individualistisch geprägten und ökonomisch dominierten Leistungsprinzips in gesellschaftlichen Bezügen verfolgt werden. Ohne an dieser Stelle gründlicher auf die Leistungsideologie im Zusammenhang mit der Begrifflichkeit von einem Leben und Arbeiten in einer »Leistungsgesellschaft« eingehen zu wollen, soll doch zumindest festgestellt werden, dass die persönlich erbrachte und nach bestimmten Kriterien begutachtete Leistung in gesellschaftlichen Allokations- und Selektionsprozessen eine herausragende Bedeutung einnimmt, in schulischen Zusammenhängen Leistungen für selektive Zwecke ebenfalls einen hohen Stellenwert einnehmen, aber leistungsfördernde Maßnahmen Vorrang haben.

Der pädagogische Leistungsbegriff trägt der Tatsache Rechnung, dass zwischen den legitimen Leistungsansprüchen der Gesellschaft an die Schülerinnen und Schüler via Schule und den jeweils individuellen Entfaltungsmöglichkeiten aus pädagogischer und demokratischer Verantwortung zu vermitteln ist, und zwar um jedes Kind bzw. jeden Jugendlichen dafür zu öffnen und bereit zu machen, (sinnvoll) leisten zu können. Schule in Deutschland ist der Demokratie und Humanität verpflichtet und strebt danach eine sozial gerechte Einrichtung zu sein, indem sie dazu beiträgt, Chancenungleichheiten abzubauen, und jedem Lernenden dazu verhilft, individuelle Höchstleistungen zu erreichen. Das grundsätzlich Pädagogische am schulischen Leistungsverständnis ist dementsprechend in seiner funktionalen Breite und in seiner Verpflichtung auf das Förderprinzip zu finden. Während ökonomische Interessen der profitablen Verwertbarkeit von Arbeitsleistungen das gesellschaftliche Leistungsprinzip im Wesentlichen beherrschen und demzufolge Konkurrenzorientierung, Produktbezogenheit und Selektionsvorbehalt dessen tragende Funktionen darstellen, kann sich das pädagogisch unterlegte Leistungsprinzip diesen gesellschaftlich gebilligten Funktionen nicht vollkommen entziehen, jedoch weitere Funktionen ins Feld führen und damit andere Schwerpunkte vornehmen.

Anstrengungsbereitschaft, Lern- und Arbeitsausdauer, Zugewinn an Lern- und Arbeitstechniken, Entfaltung und Reflexion von Lern- und Handlungsstrategien sowie Anwendung von metakognitiven Lernstrategien, Entwicklung und Vertiefung von Interessen, von Lern- und Leistungsmotivation sind allesamt ebenso bedeutsame Leistungsmerkmale wie die Organisation gemeinsamen Lernens, die Präsentation von Lernplanungen, Lernwegen und Lernergebnissen. Auch die anwendungsgemäße Nutzung moderner Informationstechnologien ist ein wichtiger schulischer Leistungsaspekt. Es ist deshalb nur konsequent, wenn in die Leistungsbewertung methodenbezogene Aussagen, Mitteilungen zum individuellen Fortschreiten und zur Entwicklung zur »ganzheitlichen« Lernkompetenz sowie zur Bewährung in unterschiedlichen Lern- und Arbeitszusammenhängen und in unterschiedlichen Lern- und Arbeitsformen u. a. kooperativen und teamorientierten Kontexten, und zur Persönlichkeitsentwicklung einbezogen werden. Ein pädagogisches Leistungsverständnis berücksichtigt unter diesen veränderten Rahmenbedingungen, die in der »ganzheitlichen« Lernkompetenz fokussieren, vier Prinzipien.

1. Leistung gründet auf produkt- und prozessbezogenem Lernen
Eine alleinige Ausrichtung auf das abfragbare Endprodukt des Lernens blendet die Lernwege aus, die beschritten werden mussten, um zum Ergebnis zu gelangen. Der Lernoutput wird dann oft ungerechtfertigter Weise für das Lernen selbst gehalten. Lernen als Auseinandersetzungsprozess mit Alternativen, mit eingeschlagenen Umwegen und mit gemachten Fehlern ist nicht nur Anstrengung, sondern an die Anwendung von Methoden, Instrumenten und Strategien gebunden und findet in (mannigfaltigen) Überlegungen seinen Ausdruck, die für sich selbst wiederum Leistungen darstellen. Durch Konzentration auf messbare Endergebnisse wird lediglich ein Teil eines zusammengehörenden Ganzen erfasst, weil der Prozess künstlich vom Resultat abgetrennt wird.

2. Individuelles und kooperatives Lernen als Leistung
Schulisches Lernen orientiert sich fraglos an den Bedürfnissen, den Fördernotwendigkeiten und der Entwicklungsmöglichkeit des Einzelnen, dessen Recht auf Bildung eine unhintergehbare Maxime des Lehrerhandelns darstellt. Jedoch stehen den legitimen Erwartungen des Individuums ebenso berechtigte und begründete Forderungen der Gesellschaft gegenüber, die darauf abzielen, Schülerinnen und Schüler zu Kooperation und Teamfähigkeit zu erziehen. Fraglos werden eine Reihe von Leistungen für die Gemeinschaft und in Gemeinschaft mit anderen erbracht werden müssen. Leistung ist in derartigen Handlungsvollzügen nicht mehr allein von einem Individuum verursacht zu betrachten. Die Komplexität von Aufgabenstellungen macht eine gemeinsame Bearbeitung erforderlich und »verhindert eine individuell persönliche Zuschreibung des entstandenen Arbeitsresultats als eines eigenen Werkes« (v. Saldern 1999, S. 19). Demzufolge bedarf es in Schule und Unterricht einer Austarierung zwischen einem individualistischen und einem auf Gruppenleistungen basierenden Leistungsprinzip, damit sowohl die Entwicklung von Ich- als auch Wir-Identität gefördert wird.

3. Leistung ist problemmotiviertes und vielfältiges Lernen
Mehrdimensionalität schulischer Lern- und Arbeitsprozesse schafft für Kinder und Jugendliche vielfältige und differenzierte, ihrer Unterschiedlichkeit entsprechende Lernzugänge und Lernmodalitäten (vgl. Hacker 1997, S. 45 ff.) und dadurch werden ihnen ebenfalls zahlreiche Anknüpfungspunkte für sinnstiftende, persönlich bedeutsame und problemmotivierte Auseinandersetzungs- und Aneignungsprozesse geboten. Unterstützt wird derartiges Lernen durch den Rückgriff auf Alltagserfahrungen und Alltagsprobleme bzw.

grundlegende für die Gegenwartsbewältigung erstrangige Lebensprobleme. Eine besondere Rolle wird einer dementsprechend gestalteten Aufgabenkultur zukommen. Zum einen sollten schulische Aufgabenstellungen deshalb im Zusammenhang mit der aktuellen Lebensbewältigung der Schülerinnen und Schüler stehen und zum anderen sollten Aufgaben angeboten werden, die dem Lernenden Planungs- und Handlungsräume zugestehen und die sich weniger durch stringente Vorgaben und stattdessen durch die Zulassung divergenter Lösungswege auszeichnen. Außerdem wird mit der Mehrdimensionalität des Lernens dem Ansatz des integrierenden Kompetenzmodells Rechnung getragen, indem die Bearbeitung einer Aufgabe das Zusammenwirken von Teilkompetenzen Lernvielfalt voraussetzt. Im Grunde wird mit dem Prinzip der Problemmotivation und der Lernvielfalt der bildungstheoretischen und pädagogisch-didaktischen Leitidee gedient, die Entwicklung einer »ganzheitlichen« Lernkompetenz zu fördern.

4. Leistung ist anstrengendes, herausforderndes und gekonntes Lernen

Lernfreude, Lern- und Leistungsmotivation, Durchhalte- und Anstrengungsbereitschaft, Lern- und Leistungszuversicht u. a. m. sind wichtige Bedingungen für erfolgreiches Lernen und für das Erreichen guter Leistungen. Sie stehen in wechselseitiger Abhängigkeit zueinander. Lernen mit Freude, mitunter sogar mit Spaß erleben zu verbinden, ist deshalb eine günstige Vorbedingung bzw. Begleiterscheinung, weil dies starke Motive sind, die den Lernenden dabei unterstützen, bei der Sache zu bleiben und ihn emotional dabei stützen, Lernbarrieren und eigene Grenzen zu überwinden. Nichts ist für einen Menschen dauerhaft und tief greifend motivierender als das immer neue Erleben von Selbstwirksamkeit und von Könnenserfahrungen, die zu (tiefer) Befriedigung und Glücksgefühlen führen. Intrinsische Motivation verbindet sich mit derartigen Erlebnissen. Ein Lernen und Leisten um der Sache selbst willen gründet auf dem Zusammenspiel von Eigenverantwortlichkeit, Lernerfolg und eigener emotionaler Wertschätzung des Arbeitsprozesses wie des -resultats. Anstrengungsbereitschaft, Durchhaltewille, Leistungsbereitschaft etc. sind wichtige Aspekte eines pädagogischen Leistungsbegriffs, die mit zu beachten sind im Zusammenhang mit den weiteren schon genannten Leistungsmerkmalen. Ihre Förderung ist eine grundlegende pädagogische Aufgabe.

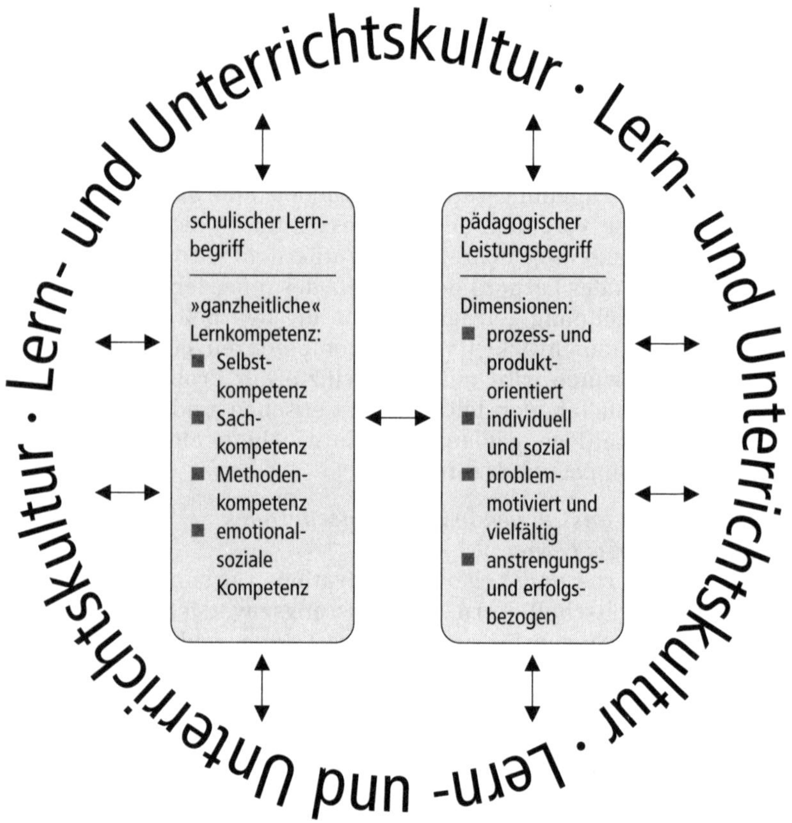

Abbildung 2: Der Zusammenhang von schulischem Lernbegriff und pädagogischem Leistungsbegriff und deren gemeinsame Einbindung in die Lern- und Unterrichtskultur

Abschließend soll anhand dieses Schaubildes noch einmal deutlich gemacht werden, wie einerseits Lernen und Leisten aufeinander bezogen sind und wie beide zusammen andererseits durch die jeweils erzeugte Lern- und Unterrichtskultur hervorgebracht werden bzw. selbst auf diese zurückwirken.

Um eine (Selbst)Einschätzung davon zu gewinnen, ob man erfolgreich gelernt oder gute Leistungen erzielt hat, bedarf es eines Vergleichspunktes bzw. einer komparativen Rückmeldung. Ohne Feedback und ohne Diagnostik kann es keine Orientierung für das Weiterlernen geben, kann nicht entschieden werden, wie eine

Leistung einzuordnen ist. Nur durch den Vergleich mit bestimmten – informellen oder formellen – Kriterien ist überhaupt ein Urteil zu fällen. Entscheidend ist nicht die Tatsache des Vergleichens an sich als unerlässliche Voraussetzung, sondern welche Kriterien herangezogen werden, und auf welchen Maßstäben der Vergleich beruht. Dazu werden die weiteren Ausführungen noch Grundlegendes beizutragen haben.

Abbildung 3: Zusammenhang von Lernbegriff, Leistungsbegriff und Feedbackkultur

Lern- und Leistungssituationen sind voneinander zu unterscheiden, wenn die Ergebnisse aus Rückmeldeprozessen bzw. Beurteilungsvorgängen für Klassifikations-, Allokations- oder Selektionsentscheidungen herangezogen werden sollen. Denn zum Lernen gehört der Fehler. Lernen selbst kann fehlerbehaftet sein und aus Fehlern kann gelernt werden. Leistungsüberprüfungen haben zum Grundsatz, Fehler zu vermeiden. Werden Lernaktivitäten gleichsam selbstverständlich wie Leistungsüberprüfungssituationen behandelt, dürfen Lehrerinnen und Lehrer nicht überrascht sein, wenn schulisches Lernen nicht befördert, sondern behindert wird, weil Schülerinnen und Schüler wie beispielsweise im fragend-entwickelnden Unterrichtsgespräch sich oft im Unklaren darüber sind, ob ihre Antworten gleichzeitig für die Leistungsbeurteilung mit z. T. persönlich weit reichenden Konsequenzen »verzweckt« werden, so dass sie entweder auf eine Antwort ganz verzichten oder nur dann antworten, wenn sie sich ziemlich sicher sind, richtig zu liegen. Eigene Gedanken und eigene Lösungswege sind unter diesen Bedingungen nicht nur überflüssig und damit dysfunktional, sondern mitunter geradezu kontraproduktiv, weil der Lernende damit Gefahr läuft, nicht das zu antworten, was erwartet wird und entsprechend negativ beurteilt zu werden. Zum Lernen wird zweifelsohne die Rückmeldung gebraucht, entweder als Selbstevaluation oder Fremdevaluation. Lernbeurteilung ist aber von Leistungsbeurteilung klar erkennbar zu trennen.

2. Zensurengebung als Instrument der Leistungsbeurteilung

Die Zensurengebung stellt nach wie vor das zentrale Instrument der Leistungsbeurteilung dar, obwohl sie, zu Gunsten der verbalen Beurteilung, nicht mehr in allen Schulstufen gleichermaßen angewendet wird (vgl. Jürgens 1998). So halten inzwischen alle Bundesländer die ersten beiden Schuljahre vollkommen bzw. teilweise frei von Ziffernzeugnissen und nehmen stattdessen allgemeine Beurteilungen des Lernverhaltens der Schüler in Form eines verbalen Berichts vor, mitunter ergänzt durch Ziffernzensuren oder umgekehrt werden Ziffernzensuren mit verbalen Bemerkungen »angereichert« (vgl. Jürgens 1999, S. 35 ff).

Mit der Zensur wird die Schülerleistung im Rahmen der geltenden Notenskala rangmäßig eingestuft, wobei die beurteilte Leistung im Vergleich zu entsprechenden Leistungen anderer Lernender oder eher seltener allein im Vergleich zu Lernzielen, die Leistungserwartungen beschreiben, eingeschätzt wird (vgl. Ingenkamp 1985).

Der Vorgang der Zensierung hat zur Konsequenz, dass die gesammelten Informationen zur Schülerleistung in einer Aussage (z. B. »gut«) gebündelt werden und damit der Informationsgehalt, bezüglich bereits vollzogener und noch zu erbringender Lernprozesse, auf ein Minimum reduziert wird. In Übereinstimmung hiermit und mit Blick auf die anderen Funktionszuschreibungen erkennt Brütting (1981, S. 195) in dieser »Informationsverdichtungsfunktion« die einzige Funktion der Zensurengebung, die faktisch als erfüllt angesehen werden kann. Auch Flitner (1970, S. 94) formuliert zu dieser Problematik pointiert: Die Note »befriedigend« »kennzeichnet gleichermaßen einen hoch begabten Nichtstuer, einen fleißigen Durchschnittskopf, einen guten Denker, der aber flüchtig arbeitet, einen unselbstständigen Routinier und noch viele andere.«

Wenngleich ein wesentlicher Nachteil der Zensurengebung hier bereits deutlich hervortritt und konsequente Kritiker wegen diesem und weiterer Mängel die Abschaffung der Zensurengebung fordern, sollte dennoch beachtet werden, dass für den weitaus größten Teil der Schulpraxis die Pflicht zur Erteilung von Zensuren nach wie vor existiert und dass bezüglich dieses Sachverhalts – zumindest derzeit – keine Aussicht auf Veränderung besteht. Vor diesem Hintergrund stellt sich dann, bei aller noch so gerechtfertigten und wissenschaftlich begründeten Kritik an der Zensurengebung, vorrangig die Frage, welche Strategien in der schulischen Praxis entwickelt werden können, zensurenmäßige Beurteilungen zu verbessern. In dieser Hinsicht gibt es bekanntermaßen erhebliche Spielräume.

Nachfolgend werden die verschiedenen Funktionskonzepte der Zensur vorgestellt, deren häufig unzureichender Erfüllungsgrad aufgezeigt und im Anschluss daran Vorschläge zur Minimierung negativer Wirkungen der Zensierung dargelegt.

2.1 Funktionen

In der Fachliteratur ist eine Reihe von Katalogen zu finden, die die Funktionen der Zensurengebung in differenzierter Weise beschreiben (vgl. z. B. Dohse 1967; Funke 1972; Kornadt 1975; Kleber 1976; Zielinski 1975; Ziegenspeck 1979; Olechowski 1987). Zum Einen werden in den vorliegenden Funktionskonzepten die Erwartungen dargestellt, die aus anderen gesellschaftlichen Bereichen (z. B. Wirtschaft, Politik und Wissenschaft) an die Schule herangetragen werden – und durch die Zensurengebung erfüllt werden sollen. Diese Funktionen sind im Wesentlichen als gesellschaftliche Funktionen zu bezeichnen. Zum Anderen wird erläutert, in welcher Weise die Zensurengebung einen Beitrag zur Optimierung von Lernprozessen der Schüler erbringen soll. Hierbei handelt es sich um pädagogische Funktionen der Zensur.

In der Übersicht auf der nächsten Seite wird die Unterscheidung zwischen gesellschaftlichen und pädagogischen Funktionen der Zensurengebung anhand der vorliegenden Fachliteratur aufgegriffen.

Die *Selektionsfunktion* der Zensurengebung hat zum Ziel, Schüler mit besonders guten bzw. schlechten Leistungen auszuwählen. Die Zensur bzw. das Zeugnis soll dabei als ›gerechtes‹ Kriterium gelten, um Zuweisungen und Laufbahnentscheidungen vornehmen zu können. Diese Beschreibung verdeutlicht, dass die Selektionsfunktion sich kaum von der *Zuteilungsfunktion* der Zensur abgrenzen lässt. Auch bei dieser Funktion sollen Zensuren die Entscheidungsgrundlage bilden etwa für

- das Eröffnen oder Verwehren von Zugängen zu weiterführenden, höherqualifizierenden Schulen (z. B. Schulformwahl nach Ende der Grundschule),

	Dohse (1967)	Kornadt (1975)	Funke (1972)	Ziegen-speck (1979)	Kleber (1976)	Zie-linski (1975)	Ole-chowski (1987)
Gesellschaftliche Funktionen							
Selektionsfunktion			X		X	X	
Berechtigungsfunktion, Zuteilungsfunktion			X	X	X	X	X
Rangierungsfunktion, (rangmäßige Einstufung)					X		
rechtliche Funktion	X						
Informationsfunktion, Berichtsfunktion, Rückmeldefunktion		X	X	X	X	X	X
Legitimationsfunktion, Sozialisierungsfunktion (Vermittlung von Leistungsnormen)					X	X	
pädagogische Funktion, Chancenausgleichsfunktion	X			X	X	X	
Anreizfunktion (Motivation)	X	X	X		X	X	X
Kontrollfunktion	X	X	X				
Zuchtmittel, Disziplinierungsfunktion			X		X	X	
Orientierungsfunktion			X	X			
Klassifizierungsfunktion (Prognose)		X				X	X
Pädagogische Funktionen							

Abbildung 4: Funktionen der Zensurengebung.[1]

- das Versetzen oder Nichtversetzen am Ende eines Schuljahres,
- die Zuweisung zu unterschiedlich anspruchsvollen Kursen im Fachleistungskurssystem (z. B. in der Orientierungsstufe oder der integrierten Gesamtschule),

- die Aufnahme in Förderkurse oder die Einleitung von Sonderschulüberweisungs-Verfahren.

Wegen der grundlegenden Bedeutung des Berechtigungswesens im deutschen Bildungssystem, nimmt die Berechtigungsfunktion der Zensur im gesamten Funktionsspektrum einen besonderen Stellenwert ein (vgl. TILLMANN/VOLLSTÄDT 1999). Die jeweils abgebende Bildungseinrichtung bestätigt ihren Absolventen eine bestimmte Leistung durch das Zeugnis. Dieses Zeugnis berechtigt dann zum Eintritt in eine anschließende Bildungseinrichtung. Hierbei ist entscheidend, dass die aufnehmende Einrichtung sich in der Regel auf das mitgebrachte Zeugnis verlässt und somit keine eigenen Aufnahmeprüfungen durchführt (z. B. der Übergang von der Sekundarstufe II zur Universität), mit der Konsequenz, dass Berechtigungen, die in bestimmten Phasen der Schullaufbahn erworben wurden, über den weiteren Bildungs- und Lebensweg entscheiden. Eine zweite Chance gibt es in der Regel nicht. »Dies hat zur Folge, dass sich insbesondere in der gymnasialen Oberstufe der Leistungsdruck massiv verschärft hat – und dass die dort vorgenommenen schulischen Leistungsbewertungen für viele Schüler lebensperspektivisch eine immense Bedeutung erlangt haben.« (TILLMANN/VOLLSTÄDT 1999, S. 16)

Die *rechtliche Funktion* der Zensurengebung wird vor allem im Zusammenhang mit der Selektionsfunktion sichtbar. Letztere erfährt durch sie eine Einschränkung. Zum Schutze der Schüler kann eine juristische Klärung darüber herbeigeführt werden, ob Verfahrensmängel oder Rechtsverletzungen seitens der Schule aufgetreten sind. Voraussetzung hierfür ist, dass ein Verwaltungsakt vorliegt. Verwaltungsakte sind (vgl. HOCHSTETTER u. a. 1957, S. 10):

1. »Entscheidungen über Nichtzulassung zu einer weiterführenden Schule,
2. Zuweisung zu einer Hilfs- oder Sonderschule,
3. Versagen der Versetzung,
4. Prüfungsentscheidungen,
5. die Versagung der Aufnahme in eine Schule, wenn die Aufnahme ohne sachliche Gründe abgelehnt wird,
6. Verweisung und Ausschluss von der Schule.«

Bei diesen Aspekten handelt es sich durchgängig um Entscheidungen mit weit reichenden Konsequenzen für den Betroffenen; es sind Prüfungs-, Versetzungs- und Abgangszeugnisse.

Hingegen sind einzelne Zensuren und einfache Zeugnisse nicht als Verwaltungsakte zu verstehen. Sie gelten lediglich als Bewertungshilfsmittel im Unterrichtsgeschehen (vgl. ebd.).

Die Basis für Förderungs- und Selektionsmaßnahmen soll die *Klassifizierungsfunktion* bilden, welche die Schüler durch die Vergabe von Zensuren unterschiedlichen Bewertungsklassen zuordnet. Gleichzeitig hat diese Funktion auch prognostischen Charakter, indem durch sie auf zukünftige Leistungen geschlossen werden soll.

Die *Chancenausgleichsfunktion* besagt, dass besonders benachteiligte Schüler bessere Zensuren erhalten »als es die objektiven Leistungen rechtfertigen würden« (vgl. ZIELINSKI 1975, S. 882).

Die *Rückmeldefunktion* der Zensurengebung bezieht sich sowohl auf die Lehrkräfte als auch auf die Schülerschaft. Lehrer sollen an der Zensurenverteilung den Erfolg ihres Unterrichts ablesen können. Zudem soll die Zensurenverteilung als Grundlage für weitere didaktische und curriculare Entscheidungen herangezogen werden. Schüler sollen durch die Zensur über ihren Leistungsstand im Vergleich zu anderen Schülern der gleichen Lerngruppe informiert werden.

Durch die *Berichtsfunktion* der Zensur sollen Eltern über die beurteilten Leistungen ihrer Kinder in Kenntnis gesetzt werden. Die Zensur soll damit Informationen für Erziehungshilfen bieten und Anlass zur Rücksprache mit der Schule sein, um gegebenenfalls gemeinsam nach Möglichkeiten der förderlichen Intervention Ausschau zu halten. Sie soll überdies ein Nachweis für die pädagogische und didaktische Arbeit des Lehrers im Unterricht gegenüber der Schulleitung und der Schulaufsicht sein. Deutlich wird mit diesem Anspruch die Überlappung von Rückmelde- und Berichtsfunktion. Richtig ist zumindest die Annahme, über die Zensurenverteilung innerhalb einer Lerngruppe auch *eine* Information über die Lehrleistung des Lehrers erhalten zu können, jedoch ist die Bewertung dieser Information nur durch Zusatzinformationen möglich, die außerhalb des klassenbezogenen Zensurenbildes liegen, wie weiter unten in den *Anmerkungen zur Fragwürdigkeit einzelner Funktionen* näher beschrieben wird.

Die *Orientierungsfunktion* der Zensur hat zum Ziel, dass Schüler für sich die richtige Auswahl des weiteren Ausbildungsweges treffen können.

Unter der *Anreizfunktion* wird verstanden, dass die Zensur auf der motivationalen Ebene bei den Schülern wirksam werden soll. ›Gute‹

Zensuren sollen als Belohnung empfunden werden und als »Anreiz« gelten, nicht in den bisherigen Anstrengungen nachzulassen, um weiterhin erfolgreich sein zu können. Schlechte Noten sollen demgegenüber dazu auffordern, zukünftig bessere Leistungen im Unterricht zu zeigen. Sie sollen bei mehrmaligen »Negativerfahrungen« die Funktion einer Alarmglocke einnehmen, und den Schüler dazu bewegen, seine Bemühungen enorm zu steigern, um wenigstens zu ausreichenden Leistungen zu gelangen.

Die *Kontrollfunktion* beinhaltet, dass Schüler die eigenen Leistungen einschätzen können sollen. Sie korrespondiert bzw. überschneidet sich mit der Orientierungsfunktion.

Die *Sozialisierungsfunktion* hat zum Ziel, dass Schüler sich mit den in der Schule gängigen Leistungsnormen auseinander setzen und sie zu akzeptieren lernen. Ferner sollen sie wahrnehmen können, »dass es als fair gilt, wenn unterschiedliche Leistungen auch unterschiedlich belohnt werden« (Zielinski 1975, S. 881). Dahinter steckt auch die informelle bzw. »heimliche« Botschaft, dass es gerecht ist, wenn gute Leistungen zu Schulerfolg und »schlechte« zu Schulmißerfolg mit all seinen lang andauernden und oft nur unter größten Anstrengungen revidierbaren Konsequenzen führen. Die weniger erfolgreichen Schüler sollen somit beiläufig daran gewöhnt werden, sich von den Zielen, die sich als zu hoch gegriffen herausgestellt haben, zu verabschieden und sich auf das einzustellen, was sie »realistischerweise« in der Schule und in ihrer daran anschließenden beruflichen Karriere zu erwarten haben bzw. von sich selbst abfordern können. Dies wird auch als »Cooling-Out«-Funktion bezeichnet, weil mit der Korrektur der individuellen Ziele nach unten ein Gewöhnungseffekt einhergeht, der als Abkühlung bezeichnet werden kann.

Die *Disziplinierungsfunktion* sieht vor, dass leistungsunwillige Schüler schlechte Noten als negativ erleben, und um dies in Zukunft zu vermeiden, ein aus der Sicht der Lehrkräfte wünschenswerteres Leistungsverhalten zeigen. Jedoch kann die Disziplinierungsfunktion auch weiter als ein allgemeines, »probates« Erziehungsmittel verstanden werden, das »immer« dann – sachfremd und unerlaubterweise – angewendet wird, wenn ein Schüler ein unerwünschtes und somit ein nach Meinung des Lehrers zu korrigierendes Verhalten zeigt.

2.2 Anmerkungen zur Fragwürdigkeit einzelner Funktionen

Mit Blick auf die unterschiedlichen Funktionskonzepte kann zusammenfassend konstatiert werden, dass erstens die aufgeführten Funktionen teilweise divergierende Ziele verfolgen (u. a. Selektionsfunktion versus Rückmeldefunktion, Anreizfunktion versus Disziplinierungsfunktion oder Berichtsfunktion versus Chancenausgleichsfunktion). Hieraus ergibt sich, dass die Zensur unmöglich die ihr zugedachten Aufgaben alle gleichermaßen erfüllen kann. Zweitens überschneiden sich die einzelnen Funktionen in ihrer Bedeutung, da eindeutige Abgrenzungen nicht immer möglich sind. Drittens wird nicht generell deutlich getrennt zwischen der Leistungsbeurteilung und der Zensurengebung als ein Instrument der Leistungsbeurteilung. Dies trägt ebenfalls zu einer gewissen Unschärfe der einzelnen Funktionsbeschreibungen bei.

Jedoch nicht nur das Ausmaß der zugeschriebenen Funktionen der Zensur ist zweifelhaft, sondern wie bereits eingangs angedeutet bleibt vor allem offen, ob über die »Informationsverdichtungsfunktion« hinaus nur eine der beschriebenen Funktionen, den hohen Erwartungen gemäß, erfüllt werden kann bzw. zeigt eine genauere Analyse der unterstellten Wirkungen, dass diese nicht unbedingt eintreten müssen oder anders ausgedrückt: lediglich unter bestimmten Rahmenbedingungen mit dem einen oder anderen Effekt auftreten. Dies soll an einigen ausgewählten Beispielen verdeutlicht werden.

Als eine zugegebenermaßen wichtige Funktion wird diejenige hervorgehoben, die dem Lehrer und dem Schüler mit Hilfe der erteilten Zensuren eine *Rückmeldung* einerseits über den Lehrerfolg und andererseits über den Lernerfolg geben soll. Betrachtet man nun die Rückmeldefunktion für den Lehrer einmal näher, dann lässt sich ein verlässliches Feedback nur unter bestimmten Voraussetzungen erhalten, die überprüft werden müssen, bevor man überhaupt zu einer persönlichen Einschätzung gelangen kann. Als Beispiel wählen wir eine Lerngruppe mit 10 Schülerinnen und Schülern, deren Zensurenbild nach einer Lernkontrolle wie folgt aussieht: Dreifach wird die Note »Sehr gut« vergeben und sieben Mal die Note »Gut«, also insgesamt ein sehr erfreulich ausgefallener Test. Auf den ersten Blick hat der betreffende Lehrer genau das erreicht, was seine hauptsächliche pädagogische Aufgabe ist, nämlich möglichst allen Schülerinnen und Schülern die gesetzten Lernziele erfolgreich zu vermitteln. Das Anspruchsniveau und die verwendeten Unterrichtsmethoden waren augenscheinlich richtig gewählt worden. Dies alles kann der Lehrer jedoch nur dann aus den erteilten Zensuren rückschließen, wenn seine Testaufgaben im Schwierigkeitsgrad angemessen waren und die getroffene Aufgabenauswahl als gültig zu betrachten ist (vgl. hierzu auch Kapitel 6). Sind die Aufgaben durchgängig zu »leicht« gewesen und (oder sind diese nicht dem zuvor behandelten Unterrichtsstoff entnommen worden), besteht die Gefahr, dass das gute Gesamtresultat auf derartigen Fehlern beruht. Auch kann der herangezogene Bewertungsschlüssel für das Ergebnis verantwortlich sein, d. h. je weniger Punkte bezogen auf die maximal zu erreichende Punktzahl nötig sind, um noch eine ausreichende Zensur zu erhalten, desto eher wird ein Lehrerfolg vorgetäuscht. Oft wird als grobe Richtschnur die 50%-Marke gewählt. Obwohl weder in irgendeinem wissenschaftlichen Lehrbuch noch in irgendeiner Verwaltungsvorschrift dieser Wert genannt, begründet oder gar empfohlen wird, verfahren des öfteren Lehrer gemäß dieser Orientierung, die aber lerntheoretisch wenig Sinn macht, weil nur 50% eines Lernzielbündels aus einer Unterrichtseinheit erfüllt werden, während immerhin 50 % nicht erfolgreich bewältigt werden. Derartig große Lernlücken können keine guten Voraussetzungen für das Weiterlernen sein. Demgemäß finden sich in anderen Konzepten Grenzwerte zwischen 60 und 70% (vgl. Klauer 1982). Wird also die Linie, die letztlich zwischen den noch als ausreichend bewerteten und solchen Leistungen unterscheidet, die schon als mangelhaft einzustufen sind, nach oben verschoben, dann ändert sich das gesamte Zensurenbild der betreffenden Lerngruppen, d. h. die Zahl der guten Zensuren nimmt ab. Wird hingegen die Grenzlinie nach unten verschoben, d. h. sind weniger als die Hälfte der erreichbaren Punkte notwendig, um noch eine mit Ausreichend beurteilte Leistung attestiert zu bekommen, wird die Zahl der guten Zensuren vergrößert, während die Anzahl negativer Beurteilungen in gleichem Maße verringert wird.

Zusammenfassend dürfte deutlich geworden sein, dass allein aus dem Zensurenspiegel einer Lerngruppe so gut wie keine Informationen gewonnen werden können, die Rückschlüsse auf die Güte des Lehrerfolgs und des Lernerfolgs geben könnten. Denn selbstverständlich gilt das bisher Gesagte auch für den Informationsgehalt einer Note für den Schüler. Letztlich kann der einzelne Schüler mit seiner Note nur erfahren, ob er über oder unter dem zensurenmäßigen Durchschnitt liegt, und ob seine Zensur im Vergleich zu den weiteren Noten besser oder schlechter ist. Welche Lernleistung hinter einer Note steht, lässt sich aus dieser Zahl selbst nicht ablesen. Dazu bedarf es darüber hinausgehender Informationen, z. B. ob eine Zwei für eine 85-prozentig oder 65-prozentig richtige Beantwortung der Aufgabenstellungen erteilt wurde. Somit kann eine Reihe von guten Zensuren dem Lehrer sehr wohl die Rückmeldung geben, dass seine didaktischen Maßnahmen richtig waren und zum Erfolg geführt haben; sie können aber ebenso schlichtweg ein Zeichen für zu niedrige Testanforderungen und/oder zu milde Zensierung sein.

Von der Güte der Rückmeldefunktion sind weitere Funktionen in ihrer Wirksamkeit unmittelbar betroffen, und zwar die *Kontroll- und die Orientierungsfunktion*. Wenn die Lernziele lehrplankonform und für die Schülerinnen und Schüler einer Lerngruppe angemessen sind und dementsprechend ein Zensierungsmodell gewählt wird, das kriteriumsorientiert eher auf die Grenzmarke von 70% als auf jene von 50% oder gar darunter justiert wird, dann können Zensuren durchaus gute Wegweiser für die eigene Orientierung und die eigene Selbsteinschätzung sein. Wenn allerdings davon deutlich nach unten abgewichen wird, d. h. beispielsweise die Lernziele zu niedrig angesetzt werden etc., dann wird es sehr viel schwieriger, die eigenen Zensuren für die persönliche Orientierung und Kontrolle zu nutzen.

Eine weitere Funktion, die zumindest nur teilweise wirksam werden kann und zudem äußerst fragwürdig ist, stellt die *Anreizfunktion* dar, und zwar aus zwei Gründen:

Erstens verliert die Zensur jegliche positive Wirkung hinsichtlich einer (dauerhaften) Anstrengungsbereitschaft bzw. des Willens zur grundlegenden Änderung des eigenen Lernverhaltens, wenn der Misserfolg über eine längere Zeit andauert und beim Schüler jegliche Hoffnung auf Erfolg der Angst vor weiterem Versagen gewichen ist und er von sich selbst derartig enttäuscht ist, dass er keine Kraft mehr hat oder aufzuwenden bereit ist, um doch noch das ihm inzwischen unmöglich Erscheinende zu erreichen, nämlich den Durchbruch zu schaffen. Ab einer bestimmten Negativserie haben Zensuren ihre Anreizfunktion verloren und führen stattdessen zu Gleichgültigkeit, Aggression oder Verweigerung.

Zweitens hat die vordergründig positiv zu bewertende Anreizfunktion einen kontraproduktiven Nebeneffekt. Lernmotivation wird am günstigsten aufgebaut, wenn ein Interessenbezug zum Lerngegenstand hergestellt werden kann, damit das entsteht, was als Lernen »um der Sache willen« bezeichnet wird. Lernerfolg erreichen zu wollen, weil eine gute Zensur winkt, führt von dieser »intrinsischen« Motivation weg hin zu einem extrinsischen Motiviert-Sein, d. h. überspitzt, ich lerne wegen der Aussicht auf eine gute Zensur, nicht weil das Lernen selbst einen Wert für mich hat, beispielsweise zu einer persönlichen Verfügungserweiterung durch Lösung eines relevanten Lernproblems. Mit der Anreizfunktion wird der Tauschwertcharakter der Zensur betont, was auf Schüler- und Lehrerseite mehr oder weniger zwangsläufig zu einer Entwertung des Bildungsgehaltes von Unterrichtsinhalten führt.

Ingenkamp (1985, S. 177) gelangt deshalb auch gar nicht überraschend zu der Erkenntnis, dass die Zensur keiner der ihr zugeschriebenen Funktionen und Aufgaben gerecht werden [konnte]: »Ihr Fortbestand ist nur dadurch zu erklären, dass sie die am einfachsten und vielseitigsten handhabbare Beurteilungsform ist. Alle Alternativen fordern mehr Ausbildung und Aufwand.«

Vor dem Hintergrund dieser Erläuterungen stellt sich die Frage, ob in der schulischen Praxis versucht werden soll, allen Funktionen mehr schlecht als recht nachzukommen, oder ob es nicht angemessener wäre, »pädagogisch« begründete Prioritäten zu setzen, d. h. die (wenigen) pädagogischen Möglichkeiten der Zensurengebung voll auszuschöpfen und demgegenüber andere Funktionen weniger hervorzuheben. Mit dieser Herangehensweise soll dann nicht die grundsätzliche Fragwürdigkeit der Zensurengebung relativiert werden, sondern sie enthält vielmehr die Chance, dass die bestehende defizitäre Praxis der Zensierung zumindest teilweise verbessert werden könnte.

2.3 Probleme der schulischen Zensurengebung

Aus dem weiter oben entwickelten Leistungsbegriff ergeben sich eindeutige Konsequenzen für den Prozess der Leistungsbeurteilung und damit auch für die Zensurengebung. Die differenzierte Darstellung hat verdeutlicht, dass im Mittelpunkt eines pädagogischen Leistungsverständnisses das Anrecht des Schülers auf individuelle Förderung, die Berücksichtigung seiner Gesamtpersönlichkeit und sein Lernen in der Gemeinschaft stehen. Die Zensurengebung weist aber gerade im Hinblick auf die Erfüllung solcher pädagogischen Funktionen der Leistungsbeurteilung erhebliche und offenbar nicht zu überwindende Defizite auf.

Die gesellschaftlichen Funktionen der Leistungsbeurteilung sind mit beträchtlichen Folgen für Schüler hinsichtlich des individuellen Lebenswegs und der Nutzung von Lebenschancen verbunden. Hieraus ist zu fordern, dass das Bewertungsinstrumentarium objektiv und unabhängig gegenüber sachfremden und subjektiven Einflüssen sein sollte. Auch diesem Anspruch wird die Zensurengebung nur äußerst unzureichend gerecht.

Wenn nachfolgend die wesentlichen Problempunkte der Zensurengebung erläutert werden, dann wird damit das Ziel verfolgt, Ansatzpunkte für eine Verbesserung der Zensierung in der schulischen Praxis zu finden. Hierbei wird davon ausgegangen, dass eine umfassende Problembeschreibung und Ursachenanalyse (siehe dazu auch nachfolgendes Kapitel) Voraussetzung für die Entwicklung von Strategien zur Verbesserung der Beurteilungssituation darstellen.

■ Anforderungen an Messungen von Schülerleistungen werden unzureichend erfüllt

Zensuren sind nicht in ausreichendem Maße objektiv, valide und reliabel (vgl. RIEDER 1990). Die mangelnde Objektivität macht sich daran fest, dass dieselbe Schülerleistung von verschiedenen Lehrern unterschiedlich bewertet wird. Die unzulängliche Reliabilität kommt dadurch zum Ausdruck, dass dieselbe Schülerleistung von ein und derselben Lehrkraft zu verschiedenen Zeitpunkten unterschiedlich bewertet wird. Die nicht ausreichende prognostische Validität zeigt sich darin, dass Zensuren nicht dazu geeignet sind, zukünftiges Leistungsverhalten zu prognostizieren. Ferner führt der klasseninterne Bezugsmaßstab der Lehrkraft dazu, dass Zensuren über den Klassenrahmen hinausgehend nicht miteinander vergleichbar sind. Demnach kann die Zensur weder als gerechtes noch interobjektives Kriterium gelten, um beispielsweise Zuweisungsentscheidungen vorzunehmen.

■ Fächer wirken unterschiedlich selektierend

Da in bestimmten Fächern (z. B. Mathematik) strenger zensiert wird als in anderen (z. B. Musik), wirken Fächer unterschiedlich selektierend. Tendenziell lässt sich nachweisen, dass einzelne Fächer umso strenger zensiert werden, je mehr Leistungen in schriftlichen Arbeiten überprüft werden, je mehr die Leistungen quantifizierbar sind und bzw. oder je stärker die verbalen Anforderungen zu Tage treten (vgl. ZIEGENSPECK 1999). Diese Art der Handhabung der Zensierung steht in einem deutlichen Gegensatz zu den pädagogischen und curricularen Zielsetzungen der Schule (vgl. JÜRGENS 1998).

■ Mädchen erhalten bessere Zensuren als Jungen

Insgesamt betrachtet, erhalten Mädchen in der Grundschule bessere Durchschnittszensuren als Jungen, wobei sich diese Tendenz in den weiterführenden Schulen fortsetzt (vgl. z. B. INGENKAMP 1972).

■ Rückmeldefunktion der Zensurengebung bleibt hinter ihrem Anspruch zurück

Wie schon weiter oben ausführlicher behandelt, erweist sich besonders die Realisierung dieser Funktion als schwierig und widersprüchlich. Wurde mit dem bisher Gesagten besonders der Lehrer in den Blick genommen, wird nachfolgend die Schülerperspektive eingehender beleuchtet. Schüler bekommen mit der Zensur eine Auskunft darüber, ob ihre Leistung bezogen auf die Lerngruppe besser, gleich gut oder schlechter ist, als die der anderen Mitschüler. Sie erhalten keine aussagekräftigen Hinweise über

- bereits erfolgte Lernschritte,
- eigene Stärken und Schwächen sowie
- noch zu erarbeitende Lerninhalte,

da die in der Phase der Leistungsmessung erhobenen Informationen zu einer Grundaussage (z. B. ›ausreichend‹) verdichtet werden. Durch die Zensierung wird weitgehend verhindert, dass eine reflektierte Auseinandersetzung mit dem aktuellen Leistungsstand und den erforderlichen nachfolgenden Lernschritten erfolgen kann. Die der Zensur zugeschriebene Rückmeldefunktion erweist sich demzufolge für den Schüler als ungenau, schlicht und fadenscheinig.

■ Qualität der Zensurenskala schränkt die Möglichkeiten zur Durchführung von Rechenoperationen mit Zensuren ein

In der Statistik werden vier verschiedene Skalenniveaus (Nominal-, Rang-, Intervall- und Verhältnisskala) unterschieden, auf denen Messungen vollzogen werden können. Die Zensurenskala ist der Rangskala zuzuordnen. Sie stellt dar, wer bessere oder schlechtere Leistungen erbracht hat als andere Schüler der gleichen Lerngruppe. Dies bedeutet: Eine Drei ist besser als eine Vier, eine Vier ist besser als eine Fünf. Wie groß der Leistungsabstand etwa zwischen einer Drei und einer Vier ist, ob er beispielsweise genauso groß ist, wie zwischen einer Vier und einer Fünf, darüber gibt die Zensur keine Auskunft. Die Abstände zwischen einzelnen Rangplätzen sind somit nicht gleich groß. Daher ist es unzulässig mit Einzelnoten mathematische Operationen, wie die Berechnung von arithmetischen Mittelwerten (Durchschnittsnoten), durchzuführen (vgl. RIEDER 1990). SACHER (1984, S. 12) stellt hierzu mit Blick auf die schulische Praxis fest, »dass mit Sicherheit alljährlich eine nicht unerhebliche Zahl von Schülern das Klassenziel nicht erreicht, eine Prüfung nicht besteht oder von einer Schule gewiesen wird, weil Lehrer mathematisch unzulässige Prozeduren bei der Ermittlung der Gesamtnote anwandten«.

■ Die Schwierigkeiten der Zensurengebung mit der Anwendung der sachlichen und individuellen Bezugsnorm

Ein weiterer Nachteil der Zensurengebung ist in der Bezugsnormwahl begründet, die für die Zensurengebung von zentraler Bedeutung ist. Im Schulsystem besteht – eben durch die Vergabe von Zensuren – überwiegend die Tendenz von der sozialen Bezugsnorm als Leitnorm Gebrauch zu machen. In dieser Sichtweise wird die Leistung eines Schülers mit der Leistungsverteilung einer Bezugsgruppe – in der Regel mit der Schulklasse – verglichen und je nach Abweichung vom »Leistungsdurchschnitt« eine Zensur erteilt. Wie bereits weiter oben angedeutet, ist zur Beurteilung von Lernfortschritten allerdings entscheidend, entweder Informationen darüber zu erhalten, wer besser als bisher bezogen auf seinen eigenen Lern- und Entwicklungsstand gelernt hat (individueller Vergleich) oder Informationen darüber zu gewinnen, ob jemand ein vorgegebenes Kriterium erreicht hat oder nicht (sachlicher Vergleich). Diese beiden Bezugsnormen sind in »Reinform« aber nur in Grenzen mit der gewohnten Zensierung vereinbar.

Zur Veranschaulichung soll hier ein Beispiel aufgeführt werden:
In einer Klasse wird eine Klausur geschrieben, bei der maximal 30 Punkte zu erreichen sind. Erreicht ein Schüler 28 Punkte in der Klausur, kann man diese mit dem durchschnittlichen Punktwert der Lerngruppe vergleichen. Diese Art des Leistungsvergleichs wird als soziale Bezugsnorm bezeichnet. Liegt das Resultat über dem durchschnittlichen Punktwert, bekommt der Schüler eine Eins oder Zwei; erreicht er nicht den durchschnittlichen Punktwert fällt die Zensur schlechter als Drei aus; und ist das Resultat dem durchschnittlichen Punktwert gleich, bekommt er eine Drei.

Man kann die 28 Punkte aber auch mit dem Resultat vergleichen, das der Schüler bei der letzten Klausur erzielt hat (z. B. ebenfalls 28 Punkte). Übertrifft das jetzige Resultat das bisherige Abschneiden, so wäre das eine bessere, bleibt es dahinter zurück, eine schlechtere Leistung. Diese Art des Leistungsvergleichs nennt man individuelle Bezugsnorm. Wendet man nun die Zensurengebung an, würde dies bedeuten, dass je nach Grad der Verbesserung bzw. Verschlechterung die Leistung benotet werden würde. Dies hätte zur Konsequenz, dass der Schüler in diesem Beispiel, bezogen auf das Lernziel, zwar eine ›sehr gute‹ Klausur geschrieben hat; sich im Vergleich zum letzten Resultat aber nicht verbesserte und demnach nur eine Drei bekäme. An diesem Beispiel wird deutlich, dass die Zensurengebung in der Regel nicht mit der individuellen Bezugsnorm vereinbar ist.

Die lerntheoretisch begründete sachliche Bezugsnorm ist ebenfalls nur eingeschränkt mit der Zensierung in Verbindung zu bringen. Bezogen auf ein Lernziel geht man – wie weiter oben schon angesprochen wurde – davon aus, dass es ein bestandenes (99,5 % bis 60,5 %) und ein nicht bestandenes (≤59 %) Lernziel gibt (siehe dazu Klauer 1982, S. 70). Die Zensuren Eins bis Vier würden dann die Schüler erhalten, die zwischen 99,5 % und 60,5 % des Lernziels erreicht haben. Mit den Zensuren Fünf und Sechs würden die Schüler benotet, die weniger als 59 % des Lernziels bewältigt haben. Das Problem besteht nun darin, dass es in der schulischen Praxis die Vorschrift gibt, dass nur 30 % der Schüler in einer Leistungsprüfung (z. B. Klausur) eine schlechtere Zensur als Vier haben sollten. Bei der Anwendung eines kriteriumsorientierten Zensierungsmodells hängt die Zensurenverteilung in einer Schulklasse aber ausschließlich von der Leistungsverteilung ab: Bringt beispielsweise keiner der Schüler mehr als 59 % richtige Lösungen, so werden ausschließlich schlechtere Zensuren als Vier vergeben. In einem solchen Fall würden mehr Schüler unter der 30 %-Grenze liegen und damit würde die Leistungsprüfung genehmigungspflichtig. Um dieses Verfahren zu vermeiden, in welchem auch die Qualität des Unterrichts – eben auf Grund der schlechten Leistungen – in Frage gestellt werden würde, besteht für den Lehrer die Möglichkeit, die Leistungsgrenze zu Gunsten einer besseren Zensurenverteilung zu verschieben. (Auch darauf wurde schon im Zusammenhang mit der Rückmeldefunktion hingewiesen). Hierdurch wird die konsequente Anwendung einer sachlichen Bezugsnorm in Verbindung mit der Zensierung umgangen. Die Dominanz der Anwendung der sozialen Bezugsnorm führt zur Unterbewertung der sachlichen und individuellen Bezugsnorm. Bei einer Orientierung am Klassendurchschnitt werden durchaus auch sachliche Kriterien berücksichtigt, aber nicht in dem Maße, wie es für ein erfolgreiches Weiterlernen erforderlich wäre. Permanent werden Schülerinnen und Schülern mit Hilfe der Zensurengebung »Leistungserfolge« vorgegaukelt, weil sie die Noten »Befriedigend« oder »Ausreichend« für Testergebnisse erhalten, die eindeutig anzeigen, dass die überprüften Lernziele *nicht* erreicht wurden. Künftige Lernschwierigkeiten beim Weiterlernen sind demzufolge schon fast vorprogrammiert und können sich zu langandauernden Defiziten entwickeln. Ferner kann dies dazu führen, dass die Selektionsfunktion der Zensur nicht mehr auf dem geforderten Niveau greift.

■ Soziale Bezugsnorm hat negative motivationale Effekte für leistungsschwächere Schüler

Ein weiterer Problempunkt ist, dass sich Lernsituationen je nach dominierender Bezugsnormorientierung (Anwendung der Bezugsnorm durch die Lehrkraft) in motivationaler Hinsicht deutlich unterscheiden (vgl. RHEINBERG 1998). Insbesondere Erfolgserwartungen, Kausalattributionen und Erfolgsanreize der Schüler können je nach Art des Leistungsvergleichs der Lehrer andere Formen annehmen.

Unter individueller Bezugsnormorientierung machen die Anstrengungsattributionen der Lehrkraft (d. h. die Lehrkraft geht vorrangig davon aus, dass die Ursache von Schülerleistungen Anstrengung ist) sowie ihr Bemühen um individualisierte Anforderungen, den Schülern eher den Zusammenhang zwischen eigener Anstrengung und dem erzielten Leistungsresultat sichtbar. Nach Auffassung von RHEINBERG (1998, S. 41) ermöglichen überdies die Vergleiche des jetzt Erreichten mit dem jeweils bislang Geschafften dem Schüler eine realistische Zielsetzung, »wobei der deutlich werdende Lernzuwachs über Zeit eine tendenziell optimistische Sicht auf die eigene Leistungsentwicklung und Leistungspotenziale nahe legt«.

Negative Effekte der sozialen Bezugsnormorientierung treten vor allem bei leistungsschwächeren Schülern auf. Der häufige Vergleich mit Leistungsstärkeren hebt die Schwäche dieser besonders hervor. Die zeitstabilen Ursachenzuschreibungen für schlechte Leistungen (z. B. negative Einschätzung der eigenen Fähigkeit) sowie die Erwartungen der Leistungsschwächeren künftig auch nicht besser abschneiden zu können, stellen kaum Chancen auf Änderung in Aussicht. Da Lehrer mit dominierender sozialer Bezugsnormorientierung zudem zur Angebotsgleichheit in der Aufgabenstellung neigen, sind die leistungsschwächeren Schüler oft überfordert und können dadurch negative motivationale Kreisläufe ohne professionelle Unterstützung nur schwer durchbrechen.

Die Probleme, die mit der Zensierung verbunden sind, verdeutlichen, dass zur Verbesserung der Beurteilungspraxis eine pädagogische Diagnostik entwickelt und angewendet werden sollte, die sowohl die komplexen Bedingungen des Lehrerurteilsverhaltens kritisch in den Blick nimmt (siehe dazu auch Kapitel »Beurteilungstendenzen und -fehler als generelle Fehlerquellen der Urteilsbildung«) als auch die Ziele und Aufgaben schulischer Beurteilungsprozesse reflektiert (vgl. Jürgens 1998). Das nachstehende Kapitel verweist auf mögliche Ansatzpunkte.

2.4 Pädagogische Handhabung von Zensuren

Lehrer sollten – wie bereits weiter oben angedeutet – vor allem Funktionen der Zensurengebung im Beurteilungsprozess hervorheben, die eine pädagogische Begründung zulassen. Konkret sind nachstehende Aspekte im Prozess der Beurteilung von Schülern zu berücksichtigen, die zu einer Verbesserung der Zensierung in der schulischen Praxis beitragen können.

■ Nutzung der Zensuren als Rückmeldung über die Qualität des Unterrichts

Prüft man die einzelnen Funktionen auf ihren pädagogischen Gehalt, rückt vor allem die Rückmeldefunktion der Zensurengebung in den Vordergrund der Betrachtung. Im Sinne dieser Funktion sollten Lehrer ›schlechte‹ Leistungen nicht ausschließlich dem Schüler anlasten, sondern sie ebenso auf die Qualität ihres Unterrichts zurückführen. Sie sollten ›schlechte‹ Leistungen zum Anlass dafür nehmen, den Erfolg unterrichtlicher Bemühungen kritisch zu hinterfragen und als Ergebnis davon, mögliche Korrekturen in der Planung, Durchführung und Auswertung des Unterrichts einschließlich der Gestaltung von Lernkontrollen vornehmen. Dieses Vorgehen kann auch als curriculare Kontrollfunktion der Leistungsmessung und -beurteilung bezeichnet werden. Folgende Fragen können den Reflexionsprozess des Lehrers u. a. unterstützen (Jürgens 1996, S. 31):

- »Wurde die Auswahl der Lerngegenstände im Hinblick auf die unterrichtlichen Intentionen/Lernziele richtig getroffen?
- Lag das zu Erlernende gegenüber dem Kenntnisstand der Lernenden zu hoch oder zu tief?
- War das methodische Vorgehen geeignet, um die Anbahnung eines erfolgreichen Lernens zu ermöglichen?
- Haben die Lernerfolgskontrollen das geprüft, was mit dem Unterricht angestrebt wurde?
- Wurde genügend auf mögliche Lernschwierigkeiten geachtet?
- Wurde die Motivation für den Lernbereich und das Lernziel verstärkt?
- Wurden die Interessen der Schüler hinreichend berücksichtigt?«

Ergänzung der Zensuren durch differenzierte Zusatzinformationen

Der Anreiz- und Disziplinierungsfunktion sowie der Chancenausgleichs- und Prognosefunktion kann eine unter bestimmten Voraussetzungen eingeschränkte pädagogische Wirkung nicht abgesprochen werden, wobei immer die Zweischneidigkeit dieser Effekte zu berücksichtigen ist. So signalisiert eine ›gute‹ Zensur dem Schüler zwar, dass seine Lernanstrengung erfolgreich war und er sich auf dem richtigen Weg befindet, hingegen zeigt die ›schlechte‹ Zensur erstmal nur ein Versagen an, ohne auf pädagogische oder didaktische Hilfen zu verweisen. Vor diesem Hintergrund ist es von zentraler Bedeutung, die Informationen, die durch den Prozess der Zensierung verloren gegangen sind, in Form einer ergänzenden, differenzierten Mitteilung an den Schüler zurückzugeben. Denn Leistungsbeurteilung sollte stets so erfolgen, dass Schüler in ihrer Entwicklung gefördert werden. Eine differenzierte Leistungsbeschreibung und -rückmeldung könnte sich etwa auf folgende Parameter beziehen (siehe dazu CZINCZOLL 1995, S. 125):

- »- betroffener Lerngegenstand,
- erreichtes Leistungsniveau (z. B. Reproduktion, Reorganisation, Transfer, Problemlösung),
- Bearbeitungsmodalitäten (z. B. Tempo, Lösungshilfen, Grad der Selbstständigkeit) und
- ggf. Lernfortschritt.«

Anwendung unterschiedlicher Bezugsnormen oder Bezugsnormkombinationen

Im schulalltäglichen Leistungsberurteilungsverhalten sollten Lehrer je nach Lern- und Unterrichtssituation und je nach Lernstand und angestrebtem Lernziel einen Wechsel der Bezugsnorm ermöglichen. Dieser macht für Schüler erlebbar, dass man sich unter verschiedenen Perspektiven selbst bewerten kann und dass der Vergleich mit anderen nur eine davon ist. In diesem Sinne sollten Lehrer informelle Leistungsrückmeldungen geben und Leistungsgespräche mit Schülern führen. Dies ist aber nur möglich, wenn die unterschiedlichen Informationen zum Leistungsverhalten der Schüler auch gewonnen werden. Vor diesem Hintergrund nimmt eine systematische und differenzierte Erfassung der Leistungen der Schüler im Beurteilungsprozess einen besonderen Stellenwert ein.

Die individuelle Bezugsnorm kann durchaus mit der anforderungsbezogenen, kriteriumsorientierten Bezugsnorm zusammen wirksam werden. Denn die kriteriale Bezugsnorm muss keineswegs ausschließlich zielgleich für alle Mitglieder einer Lerngruppe gelten, sondern ihre zieldifferente, für die unterschiedlichen Lernstände abgestuft vorgenommene Anwendung kann mindestens ebenso gut – vermutlich eher besser – dazu dienen, Kinder und Jugendliche gleichermaßen pädagogisch achtsam wie lernkonsequent an sachlich begründete Lernziele und Leistungsanforderungen heranzuführen.

Entwicklung einer Kultur des ›Zulassens von Fehlern‹

Eine Kultur des ›Zulassens von Fehlern‹ zu entwickeln, beinhaltet die Abkehr von der allseitigen Gültigkeit des Richtig/Falsch-Syndroms. Zur Förderung des Lernklimas im Klassenraum sollten Fehler sowohl von Lehrkräften als auch von Schülern als wichtige Erfahrungen im Lernprozess angesehen werden. Dies heißt nicht, dass das Fehlermachen gelernt wird, sondern der Umgang damit. Hierbei sollte die Frage im Vordergrund stehen, was durch den Fehler gelernt wurde und welche Bemühungen unternommen werden sollten, um ihn in Zukunft zu vermeiden. Deshalb sollte auch deutlich zwischen Lern- und Leistungssituationen unterschieden werden. Zu Lernsituationen gehört der Fehler, weil beim Beschreiten neuer Lernwege und bei der Realisierung von Lernprozessen Fehler »unvermeidlich« sind. Im Unterschied dazu sind Leistungssituationen so angelegt, dass mit bzw. in ihnen gezeigt werden soll, was »fehlerfrei« schon gekonnt wird; also es ist das explizite Ziel, in derartigen Prüfungskontexten Fehler zu vermeiden.

Bezogen auf die Rückmeldefunktion der Zensurengebung erhält die Lehrkraft über einen Fehler nicht nur Auskunft über die Leistung eines Schülers, sondern ebenso über die Qualität ihres eigenen Unterrichts. Überspitzt könnte man formulieren, dass ein ›Fehler‹ des Schülers auch immer gleichzeitig als ein ›Fehler‹ des Lehrers wahrgenommen werden sollte.

Anmerkungen

1 In Anlehnung an TILLMANN/VOLLSTÄDT (1999).

2 Dieses Beispiel vereinfacht den Sachverhalt: Der Schüler in dem Beispiel hat sich, individuell gesehen, durchaus verbessert, da das Lernziel erreicht wurde. Es sei denn, es wurden die gleichen Aufgaben in der Klausur gestellt, was in schulischen Zusammenhängen unwahrscheinlich ist.

3 KLAUER (1982) verweist darauf, dass in der Literatur die Untergrenze durchweg höher angesetzt wird. Dies hängt mit empirischer Forschung zusammen, die versucht zu belegen, dass ein Lernziel erst als bestanden gilt, wenn mehr als 75 % richtige Lösungen erreicht worden sind.

3. Beurteilungstendenzen und -fehler als generelle Fehlerquellen der Urteilsbildung

Die Erfassung von Schülerleistungen ist in nicht geringem Maße subjektiven Einflüssen unterworfen, wodurch der »objektive« Gehalt einer Beurteilung reduziert wird. So wird denn auch oftmals der jeweils urteilende Lehrer als das eigentliche Messinstrument in der Zensurengebung angesehen und nicht die Zensurenskala. Zur Verbesserung der Beurteilungspraxis bedarf es der Einhaltung einer Reihe von Voraussetzungen und der Durchführung von unbedingt zu beachtenden Maßnahmen, wobei diese sowohl für die Zensurengebung als auch für verbale Beurteilungen gelten. Denn in Zusammenhang mit der Diskussion um die Abschaffung der Zensurengebung wird oftmals suggeriert, dass durch den Wechsel der Beurteilungsform bestimmte Fehler nicht auftreten würden; wenngleich es so ist, dass in allen Wahrnehmungs- und Beurteilungszusammenhängen »Urteiler-Fehler« vorkommen können. Im Folgenden sollen typische Fehlertendenzen, wie sie in der schulischen Leistungsbeurteilung auftreten können, zusammenfassend dargestellt werden.

3.1 Fehlerarten

Lehrern unterlaufen systematische Beurteilungsfehler zum einen bei der Beobachtung und Interpretation des Leistungsverhaltens von Schülern und zum anderen bei der Zuordnung der Leistungen zu einem Maßstab. Die verschiedenen Einflüsse, die als subjektiv zu bezeichnen sind, bedingen sich gegenseitig und können in einer Beurteilungssituation gleichzeitig sowie unterschiedlich stark zur Wirkung kommen.

■ Milde- und Strengefehler

Mildefehler entstehen, wenn Lehrer ›gute‹ Leistungen eines Schülers besonders positiv bewerten und ›schlechte‹ Leistungen des gleichen Schülers in der Bewertung weitgehend unberücksichtigt lassen. Beim Strengefehler kehrt sich dieser Vorgang um: ›gute‹ Leistungen finden im Prozess der Bewertung kaum Beachtung und ›schlechte‹ Leistungen erhalten ein starkes Gewicht.

Das Auftreten des Fehlers wird in der wissenschaftlichen Literatur unterschiedlich erklärt:

1. SACHER (1994, S. 40 f.) vertritt die Ansicht, dass es bestimmte Lehrertypen gibt, die zu der einen oder anderen Form der Beurteilung neigen (»Strengbeurteiler« und »Mildbeurteiler«).
2. KLEBER (1976) sieht die Ursache darin, dass Schüler, die Lehrer gut kennen, besser beurteilt werden, als andere, die sie nicht oder weniger gut kennen.
3. ROSEMANN (1975) führt auf, dass der Strengefehler besonders bei unsympathischen Schülern wirksam wird und wenn Spezialisten Leistungen aus ihrem Fachgebiet beurteilen.

Beide Aspekte dieser Fehlertendenz sind interaktionsbedingt. Zu milden Urteilen kommt es anscheinend eher bei uns bekannten und sympathischen Personen, während wir eher zur Strenge neigen bei uns unbekannten und unsympathischen Menschen.

■ Tendenz zur Mitte

Bei der Tendenz zur Mitte werden die Leistungen der Schüler vorrangig dem mittleren Bereich der Rangskala zugeordnet, d. h. entweder einer Drei oder Vier. Die Vergabe von besseren oder schlechteren Zensuren wird vermieden. Dies hat zur Folge, dass leistungsstärkere Schüler benachteiligt werden und leistungsschwächere begünstigt. Dieser Fehler tritt vor allem dann auf, wenn die Situation der Beurteilung für die Lehrkraft offen und ungeklärt zu sein scheint (vgl. RIEDER 1990).

■ Tendenz zu Extremurteilen

Bei diesem Fehler tendieren Lehrer dazu, die Leistungen der Schüler in zwei Kategorien einzuteilen: entweder ist die Leistung ›gut‹ oder sie ist ›schlecht‹. Erreicht die Leistung des Schülers nicht den Schwellenwert, wird eine Zensur am Ende der Skala vergeben. Den höchsten Skalenwert wählt der Lehrer, wenn die Leistung des Schülers den Schwellenwert überschreitet. SACHER (1994) sieht die Ursache für diesen Fehler in der Persönlichkeit des Lehrers: Leicht erregbare Lehrer sind rasch für gelungene Leistungen zu begeistern und sind schnell von fehlerhaften Arbeiten enttäuscht.

■ Halo- oder Hofeffekt

Wenn Lehrer in einem besonderen Maße dazu neigen, auf der Grundlage eines allgemeinen Eindrucks von Schülern (z. B. Auftreten, Kleidung, Sprachverhalten etc.) eine Teilleistung zu beurteilen, dann spricht man von einem Haloeffekt bzw. Hofeffekt. Schüler, die einen ›guten‹ Eindruck (z. B. »Star der Klasse«; SACHER 1994, S. 43) hinterlassen haben, erhalten dann eine bessere Beurteilung als die, die einen ›schlechten‹ Eindruck (z. B. »Ruf des Sitzenbleibers«; SACHER 1994, S. 43) gemacht haben, obwohl dies nicht in Zusammenhang mit der eigentlichen Leistung in dem Fach steht. Der Hofeffekt entsteht durch subjektive Theorien der Lehrer (siehe dazu Kapitel »Implizite Persönlichkeitstheorien«), die die Wahrnehmung in Beurteilungsprozessen in der Hinsicht beeinflussen, dass nur noch das leistungsrelevante Verhalten der Schüler ›gesehen‹ wird, welches die subjektiven Theorien des Lehrers bestätigt. ZIEGENSPECK (1999, S. 175) weist darauf hin, dass der Halo-Effekt ebenfalls häufig dort auftritt, wo der (negative oder positive) Ruf einem Schüler vorauseilt.

Logischer Fehler

Ein logischer Fehler entsteht, wenn Lehrer bestimmte Leistungsmerkmale als zusammengehörig ansehen und diese dadurch in gleicher Weise bewerten. SACHER (1994, S. 43) nennt hierzu folgende Beispiele:

- Wer ›gute‹ Leistungen in Mathematik zeigt, der erlangt auch ›gute‹ Leistungen in Physik.
- Wer sich mündlich differenziert ausdrücken kann, der hält diesen Standard gleichermaßen in schriftlichen Gestaltungsleistungen.
- Wer ausgezeichnete Gedächtnisleistungen vorweist, der verfügt ebenfalls über ein entsprechend hohes Maß an Verständnis.

Die Beispiele verdeutlichen, dass der Haloeffekt nicht immer eindeutig von dem logischen Fehler zu unterscheiden ist. Der logische Fehler kann ebenfalls durch implizite Persönlichkeitskonzepte des Lehrers entstehen.

Reihungsfehler

Reihungsfehler ergeben sich zum einen aus dem Zusammenhang mit vorangegangenen Bewertungen und zum anderen aus Erwartungen über Sequenzen von Ereignissen. Beispielsweise wird eine ›mäßige‹ Leistung noch schlechter bewertet, wenn vorher eine ›gute‹ Leistung beurteilt wurde. Ein weiteres Beispiel hierfür ist der Fall, wenn Lehrer nur mit großem inneren Widerstand mehrmals hintereinander die Note ›sehr gut‹ vergeben, obgleich die Leistungen der Schüler dies gerechtfertigt haben.

■ Rhythmische Schwankungen

Rhythmische Schwankungsfehler treten in erster Linie bei mündlichen Prüfungen auf. Sie lassen sich dadurch beschreiben, dass mildere und strengere Bewertungsphasen sich gegenseitig ablösen.

Das Auftreten von Reihungsfehlern und rhythmischen Schwankungseffekten ist an die jeweilige Beurteilungsstituation gebunden, d. h. es ist nicht von Bedeutung, welcher Schüler diese Leistung erbracht hat. Wenn der Lehrer sich an bestimmte Verhaltensregeln hält, dann kann er solche Beurteilungsfehler weitgehend vermeiden (siehe dazu auch das Kapitel »Gegenmaßnahmen«).

■ Kontrastfehler und Fehler der gleichen Art bzw. Ähnlichkeitsfehler

Beim Auftreten dieses Beurteilungsfehlers ist der Urteilende ›bestrebt‹, »der zu beurteilenden Person die seiner Wesensart gegenteiligen Merkmale oder gegenteiligen Ausprägungsgrade der gleichen Merkmale zuzuschreiben« (Kontrast – E.J.) oder lässt sich entgegengesetzt von der Annahme leiten, die »von ihm zu beurteilenden Personen müssten genauso geartet sein, wie er selbst« (Ähnlichkeit – E.J.) (Kleber, 1976, S. 42). Beispielsweise kann ein Lehrer, der selbst zu penibler Ordnung neigt, unordentliches Führen eines Heftes als besonders tadelnswert betrachten. Genauso gut könnte sich auch ein Lehrer verhalten, der allerdings im Gegensatz zum ersten Fall sich selbst für unordentlich hält. Er könnte eine unsaubere Heftführung ebenfalls als negativ einstufen; jedoch könnte auch die gegenteilige Reaktion erfolgen, indem dies Verhalten mit entschuldigendem Hinweis auf die eigene Schwäche als nebensächlich eingeschätzt wird. Bei beiden Fehlertypen wird von den eigenen Personeneigenschaften auf Eigenschaften anderer Personen geschlossen.

Aus der Psychoanalyse ist das Phänomen der »Projektion« bekannt, bei dem »eine Person eigene Wünsche, Motive, Fehler oder Probleme auf eine andere Person überträgt und sie dann an ihr wahrzunehmen glaubt« (Ulbricht 1993, S. 23). Eigene und zudem ungelöste Probleme werden bei der Beobachtung anderer Personen besonders wahrgenommen und in besonderer Weise beurteilt.

- **Nähe – Fehler**

Ein zuvor erfolgtes Ereignis wirkt positiv oder negativ nach. Eine Lehrerin für Mathematik und Biologie gibt eine gute Note in der zweiten Stunde Mathematik, weil derselbe Schüler in der ersten Stunde Biologie sich so hervorragend vorbereitet gezeigt hat (vgl. v. Saldern 1999, S. 188).

- **Wissen um die Folgen – Fehler**

Bei diesem Fehler wird das Urteil von den kalkulierbaren bzw. vermuteten Folgen beeinflusst, indem entweder härter oder milder, als es dem Leistungsstand entspricht, bewertet wird. Beispielsweise erfolgt eine »geschönte« Leistungsbeurteilung, wenn negative Folgen erwartet werden, z. B. auf Grund der Stellenknappheit ein Lehramtsanwärter mit einem bestimmten Notendurchschnitt über dem Einstellungsgrenzwert liegt. Umgekehrt werden die Noten von Schülern nach unten korrigiert, um die Übergangsquoten zur Realschule oder zum Gymnasium niedrig zu halten, weil der betreffende Lehrer der Auffassung zuneigt, dass es schon genügend ungeeignete Schüler in diesen beiden weiterführenden Schulformen gibt.

Die genannten Fehler stellen allesamt typische Beurteilungsfehler dar, die jeden Beurteilungsvorgang betreffen können. Demzufolge gelten sie sowohl für die Zensurengebung als auch für zensurenfreie Lernberichte. Mit einem Wechsel einer Beurteilungsform – wie es beispielsweise mit dem Verzicht auf Zensuren zu Gunsten verbaler Beurteilungen gegeben wäre – würden die Beurteilungsfehler nicht ihre Wirksamkeit verlieren und deshalb müssen Überlegungen angestellt werden, wie Beurteilungen generell weniger anfällig für wahrnehmungsbedingte Fehler gemacht werden können.

3.2 Implizite Persönlichkeitstheorien

Implizite Persönlichkeitstheorien umfassen zum einen die naiv-psychologische Eigenschaftstheorie und zum anderen die naiv-psychologische Prozesstheorie. Erstere besagt, dass jede Person über eine Reihe von Vorstellungen verfügt, wie menschliche Eigenschaften miteinander in Beziehung stehen. Zum Beispiel: »Wer lügt, der stiehlt auch« (Kleber 1992, S.124). Die zweite Theorie hat zum Inhalt, dass eine Person unreflektierte Vorstellungen davon hat, wie bestimmte Verhaltensweisen entstehen. Zum Beispiel: »Eine häusliche Umgebung von Ordnung, Sauberkeit und Pünktlichkeit bringt gute verlässliche Charaktere hervor, die in einem Gymnasium am rechten Ort sind« (Kleber 1992, S.124). Implizite Persönlichkeitstheorien entstehen durch individuelle Erfahrungen einer Person, also im Laufe ihrer Biografie. Hinsichtlich der spezifischen Ausbildung impliziter Persönlichkeitskonzepte ist von Bedeutung, welche Erfahrungen die Person im Professionalisierungsprozess (z.B. durch die Aneignung expliziter Theorien) und im Rahmen ihrer spezifischen Schicht- bzw. Gruppenzugehörigkeit gewonnen hat (vgl. Kleber 1992).

Auf der Basis solcher impliziten Konzepte konstruieren Lehrer sich ein ›Bild‹ von dem Schüler, welches als Erwartungshintergrund den Wahrnehmungsprozess, der den Ausgangspunkt für Beurteilungen darstellt, wesentlich beeinflusst. D. h. Lehrer neigen dazu, leistungsrelevante Verhaltensweisen des Schülers im Sinne ihrer Erwartung wahrzunehmen und zu interpretieren. Die Selektivität der Wahrnehmung erhält dadurch eine spezifische Richtung. Der bereits weiter oben aufgeführte *logische Fehler* kann beispielsweise durch das Wirksamwerden impliziter Persönlichkeitskonzepte entstehen. Zur Veranschaulichung soll hier ein Beispiel aufgeführt werden:

Eine Lehrkraft hat die Erwartung, dass ein Schüler, der ›gute‹ Leistungen in Mathematik zeigt, auch ›gute‹ Leistungen in Physik aufweist. Diese individuell vorgenommene Kausalverkettung von Merkmalen kann sich auf die Wahrnehmung der Lehrkraft auswirken, d.h. sie nimmt in erster Linie leistungsrelevante Verhaltensweisen des Schülers im Physikunterricht wahr, die dieser Erwartung entsprechen. Leistungsrelevante Verhaltensweisen, die der Erwartung widersprechen würden, werden weitgehend ›übersehen‹.

Je höher die Rigidität der impliziten Persönlichkeitskonzepte ist, desto stärker ist vermutlich der selegierende Effekt bezüglich der Informationen zum Leistungsverhalten, die dem Lehrer vom Schüler ›angeboten‹ werden.

Implizite Persönlichkeitskonzepte der Lehrer können den Beurteilungsprozess und das daran anschließende unterrichtliche Entscheiden und Handeln vereinfachen, da relativ schnell und einfach Urteile über die Person des Schülers zu treffen sind. Der Lehrer kann dadurch die eigene Unsicherheit erheblich reduzieren. In diesem Fall hätte das implizite Persönlichkeitskonzept des Lehrers den Vorteil, in Beurteilungssituationen entscheidungs- und handlungsfähig zu bleiben. Das zentrale Problem in diesem Zusammenhang besteht darin, dass diese Urteile erheblich verzerrt und völlig ungerechtfertigt sein können. Die spezifisch selektive Wahrnehmung des Leistungsverhaltens des Schülers entspricht dann nicht dem faktischen Leistungsverhalten, sondern dem ›impliziten‹ Erwartungshintergrund des Lehrers. Vor dem Hintergrund der empirischen Befunde zieht SCHWARZER (1976, S. 69) hierzu folgendes Resümee, »man [kann] interpretieren, die Schülerbeurteilung werde weniger durch die Schüler-Persönlichkeit als vielmehr durch die Lehrer-Persönlichkeit bestimmt.«

Implizite Persönlichkeitskonzepte werden im Beurteilungsprozess besonders dann wirksam, wenn explizite psychologische Theorien nur unzureichend bekannt sind und die »kognitive Komplexität« (CROCKETT 1965) des Beurteilers gering ist. CROCKETT versteht unter »kognitiver Komplexität« ein umfassend strukturiertes Begriffssystem sowie einen umfangreichen Vorrat an Konstrukten und Kategorien zur Beschreibung und damit zur Abgabe von differenzierten Urteilen.

Versuche, die Objektivität von Beurteilungsprozessen durch eine intersubjektive Übereinstimmung von Urteilen zu steigern, sind als problematisch einzustufen. »Eine intersubjektive Übereinstimmung bei einer Beurteilung kann durch ein interindividuelles implizites Persönlichkeitskonzept bedingt sein. Wenn verschiedene Beurteiler deshalb zu dem gleichen Ergebnis, faktisch jedoch unrichtigen Urteil kommen, also den gleichen Fehler machen, wird das Urteil dadurch keineswegs richtig.« (KLEBER 1992, S. 126) Interindividuelle, implizite Persönlichkeitskonzepte sind meistens gruppen- oder schichtspezifisch. Zur Erhöhung der Objektivität des Beurteilungsprozesses müssten somit Beurteiler verschiedener Gruppen bzw. Schichten herangezogen werden.

3.3 Folgen für die Schüler

Leistungsbeurteilungen der Lehrer können sich auf das Selbstbild des Schülers und seine Leistungs- bzw. Lernmotivation auswirken. Ferner ist zu beobachten, dass das Beurteilungsverhalten des Lehrers das Schülerverhalten beeinflusst. Die Folgen der Leistungsbeurteilung für Schüler treten unabhängig davon auf, ob das Urteil des Lehrers gerechtfertigt, verzerrt oder einfach nur falsch ist.

Attribuierungsprozesse

Attribuierungsprozesse sind Vorgänge, bei denen Personen das Erreichen bzw. Nichterreichen von Leistungserwartungen begründen. Solche Ursachenanalysen können sich sowohl auf die zukünftigen Leistungen des Schülers als auch auf die Erwartungsreaktionen des Lehrers entscheidend auswirken.

Lehrer rekurrieren in ihren Ursachenerklärungen über das Zustandekommen der zu beurteilenden Schülerleistungen und der Verhaltensweisen der Schüler in Leistungssituationen auf ganz bestimmte (persönliche) pädagogische Konzepte (z. B. implizite Persönlichkeitstheorien). Hinzuweisen ist in diesem Zusammenhang beispielsweise auf die extrahierte, fünf Faktoren umfassende Beurteilungsstruktur des Lehrers in der Schülerbeurteilung (vgl. HOFER 1974). Diese Urteilsstruktur ermöglicht Aussagen über die Akzentuierung bestimmter pädagogischer Konzepte in der Schülerbeurteilung und über bestimmte Analogieschlüsse zwischen bestimmten Schülermerkmalen durch den Lehrer (siehe dazu auch logischer Fehler). Als die fünf Faktoren dieser Urteilsstruktur wurden aus den Lehreraussagen die Beurteilungskategorien‹ ›Arbeitsverhalten‹, ›Personale Eigenschaften‹ ›Begabung/Intelligenz‹, ›Elternhaus/familiale Verhältnisse‹ und ›Sozialverhalten‹ ermittelt. Merkmale dieser fünf Kategorien dominieren in den Ursachenerklärungen der Lehrer für den Schulerfolg bzw. -misserfolg von Schülern. So wurden als Ursachenfaktoren für den mangelnden Schulerfolg von den Lehrern dem Schüler bevorzugt Eigenschaften wie ›unkonzentriert‹, ›uninteressiert‹, ›unmotiviert‹, ›aggressiv‹ oder ›gehemmt‹ und ›mangelnde häusliche Unterstützung‹ attribuiert. Mit diesen Eigenschaften des Schülers erklärt sich der Lehrer, warum der Schüler versagt hat. Ein wesentliches Charakteristikum dieser Merkmale ist, dass sie in erster Linie internale Faktoren der Schülerpersönlichkeit darstellen, während als externaler Faktor lediglich der außerschulische Bereich der Familie genannt wird. Von evidenter Bedeutung ist, dass die (Leistungs)Beurteilung von real existenten Schülern mehr oder weniger, je nachdem wie verfestigt die jeweilige implizite Persönlichkeitstheorie ist, weitgehend ein Abbild der ›impliziten Theorie‹ des auf sie zurückgreifenden Lehrers ist und damit mehr oder weniger unabhängig von der ›tatsächlichen‹ Kohärenz der Personeneigenschaften und/oder Leistungsmerkmalen der beurteilten Schüler.

Schulische Faktoren, wie die Bedingungen des Unterrichts oder der schulische Bezugsrahmen, scheinen für den Lehrer unter diesem persönlichen ›Erklärungsansatz‹ kein oder ein nur marginal adäquates Erklärungsmuster für Schulversagen abzubilden. Vor diesem Hintergrund ist eine Reflexion des Lehrers über die Qualität des eigenen Unterrichts eher unwahrscheinlich.

Affektive Reaktionen, wie Lob und Tadel, hängen mit den attributiven Reaktionen des Lehrers zusammen. Lehrer tadeln tendenziell diejenigen Schüler stärker, deren mangelnde Schulleistungen von ihnen mit Eigenschaften wie ›uninteressiert‹, ›lern- und leistungsunwillig‹, ›faul‹ erklärt werden, als diejenigen Schüler, von denen sie glauben, dass der geringe Schulerfolg auf ein Nichtkönnen, also auf mangelnde Begabung zurückzuführen ist. Diese in Abhängigkeit von der Kausalattribuierung ablaufenden affektiven Reaktionen haben Auswirkungen auf das Leistungsverhalten des Schülers. Weiner (1973, S. 88) führt diesbezüglich aus: »Belohnung und Bestrafung in Leistungssituationen werden, ob sie auf die eigene Person oder auf andere zurückgehen, bestimmt durch Kausalattribuierung. Ganz unterschiedliche Sanktionen sind nämlich die Folge, je nachdem, ob Erfolg oder Misserfolg auf Begabung, Anstrengung, Aufgabenschwierigkeit oder Zufall zurückgeführt werden. Daher bestimmen kausale Attribuierungen, indem sie Belohnung und Bestrafung beeinflussen, zu einem großen Teil das Leistungsverhalten.«

Erwartungsreaktionen

Der Begriff »self-fulfilling-prophecy« (Merton 1958) soll zum Ausdruck bringen, dass Erwartungen bestimmte Verhaltensweisen hervorrufen können. Dem Konzept liegt die Annahme zu Grunde, dass die Erwartung einer Person das Verhalten einer anderen Person sowohl im negativen als auch im positiven Sinne derart beeinflussen kann, dass die Erwartung tatsächlich eintrifft. Da jedes Urteil Erwartungen bezüglich des künftigen Verhaltens der beurteilten Person einschließt, kann angenommen werden, dass mit jedem Attributionsmuster, das einem Schüler zugeschrieben wird, eine bestimmte Erwartungsreaktion verknüpft ist. Ferner kann auf Grund des Phänomens der self-fulfilling-prophecy davon ausgegangen werden, dass der Lehrer dazu beiträgt, seine vorgefassten pädagogischen Alltagstheorien der Kausalattribuierung bestätigt zu sehen. Fend (1971) hat im Zuge der Analyse schulischer Beurteilungsprozesse im Zusammenhang mit der self-fulfilling-prophecy auf »Erfolgs- und Misserfolgsprojektionen« des Lehrers aufmerksam gemacht. Hierbei handelt es sich um Erwartungshaltungen des Lehrers, die sich mit der Zeit zu »generellen Erfolgs- und Misserfolgserwartungen« stabilisiert haben.

Mietzel (1982) hat im Kontext der Diskussion des Pygmalion-Effekts die Vermutung geäußert, dass durch die Erwartung einer geringen Leistungsfähigkeit bestimmte Interaktionsvorgänge ausgelöst werden, die einen negativen Pygmalion-Effekt verursachen können. Der Pygmalion-Effekt basiert auf dem Prinzip der self-fulfilling-prophecy, gilt aber als umstritten. An dieser Stelle soll das Schema von Mietzel (1982, S. 164 ff.) wiedergegeben werden, das die Prozesse darstellt, die einen Pygmalion-Effekt hervorrufen können.

1. »Der Lehrer schreibt jedem seiner Schüler eine bestimmte (z. B. hohe oder geringe) Befähigung sowie andere Eigenschaften zu. Auf dieser Grundlage entstehen Erwartungen bezüglich des jeweiligen Leistungsverhaltens.

2. Der Lehrer behandelt seine Schüler in Übereinstimmung mit seinen Erwartungen unterschiedlich. So schafft der Lehrer zwischen vermeintlich guten und schwachen Schülern Unterschiede u. a. bezüglich des sozial-emotionalen Klimas, in der Art und Häufigkeit der Kontakte und in der Rückmeldung.

3. Über die besondere Behandlung durch den Lehrer erfährt jeder Schüler, was von ihm erwartet wird, und das wiederum hat Einfluss auf sein Selbstkonzept, seine Leistungsmotivation und sein Anspruchsniveau.

4. Als Reaktion auf den Lehrer tendiert der Schüler dazu, sich so zu verhalten, dass er die besonderen Erwartungen des Lehrers ihm gegenüber vervollständigt und bekräftigt.

5. Auf Grund der Rückkopplung (Anerkennung, Kritik) verbessern sich die Leistungen einiger Kinder möglicherweise, verbleiben aber zumindest auf einem höheren Niveau, während andere eventuell absinken oder auf einem niedrigen Niveau stabilisiert werden. Diese Entwicklungen vollziehen sich in Übereinstimmung mit den jeweiligen Lehrer-Erwartungen.«

Die Schritte dieses Schemas sind als sich in der Lehrer-Schüler-Interaktion wiederholende Kreisprozesse zu verstehen, die für das Selbstbild des Schülers, für seine Leistungen und damit auch für seine Lern- und Leistungsmotivation Folgen haben können.

Rheinberg (1980, S. 83) betrachtet dieses Schema und seine Effekte mit Skepsis. Nach Analyse der empirischen Forschung zu diesem Phänomen, vertritt er die Auffassung, dass der Pygmalion-Effekt nur dann auftritt, wenn:

1. »bisher der Schüler Misserfolge mangelnder eigener Begabung zugeschrieben hat,
2. desgleichen sein Lehrer tat, wobei die Attribuierungen beider unangemessen waren, weil
3. der Schüler bisher weniger geleistet hat, als das auf Grund seiner tatsächlichen Fähigkeiten möglich gewesen wäre.«

Zur Verdeutlichung soll auch hier ein Beispiel zu attributiven, affektiven und Erwartungsreaktionen des Lehrers aufgeführt werden:

Ausgangspunkt der Überlegungen ist das Schülerverhalten. Entspricht ein Schüler auf der Ebene des Lern- und Leistungsverhaltens nicht den schulischen Standards, versucht der Lehrer, sich dieses Verhalten zu erklären. Auf der Grundlage subjektiver Interpretationsschemata verschafft sich der Lehrer ein ›Bild‹ von dem Schüler, das dann bestimmte Reaktionen auslöst. Die attributive Reaktion besteht in der Zuschreibung von Eigenschaften, die gemeinsam im Beurteilungskonzept des ›schlechten‹ Schülers beim Lehrer auftreten. Mit diesen Attribuierungen gehen bestimmte affektive und Erwartungsreaktionen des Lehrers einher. Die affektive Reaktion beinhaltet, dass je nach Leistungsverhalten des Schülers Lob oder Tadel ausgesprochen wird. Die Erwartungsreaktion umfasst, dass der Lehrer mit der Erwartung reagiert, dass die Anstrengungsbereitschaft gering sowie die Lern- und Leistungsfähigkeit des Schülers unzureichend ist.

Wenn der Lehrer den geringen Schulerfolg eines Schülers auf Eigenschaften des Beurteilungskonzeptes ›schlechter Schüler‹ zurückführt (vgl. Abb. 5 auf der nächsten Seite), dann ist davon auszugehen, dass er diesem Schüler gegenüber ein bestimmtes Verhalten zeigt, das mit der Zeit negative Auswirkungen auf dessen Leistungsverhalten haben kann. Lehrer mit diesem Beurteilungskonzept geben beispielsweise weniger Hilfen, tadeln stärker und geben den Schülern weniger Rückmeldungen. Dieser Interaktionsprozess führt zu einer Stabilisierung der (negativ gestimmten) Leistungsbeurteilung und ist nicht selten Auslöser einer delinquenten Schulkarriere. Der Schüler wird in die Rolle des typisch ›schlechten‹ Schülers gedrängt. Solche Einstufungen haben Auswirkungen auf das Lern- und Sozialverhalten des Schülers. Wenn Schüler zu den ›schlechtesten‹ einer Klasse gezählt werden, dann müssen sie oftmals durch ihre »Stigmatisierung« leidvolle soziale Erfahrungen machen, die nicht auf die Schule allein begrenzt bleiben, sondern ebenso außerschulisch oftmals negative Erfahrungen nach sich ziehen und mit-

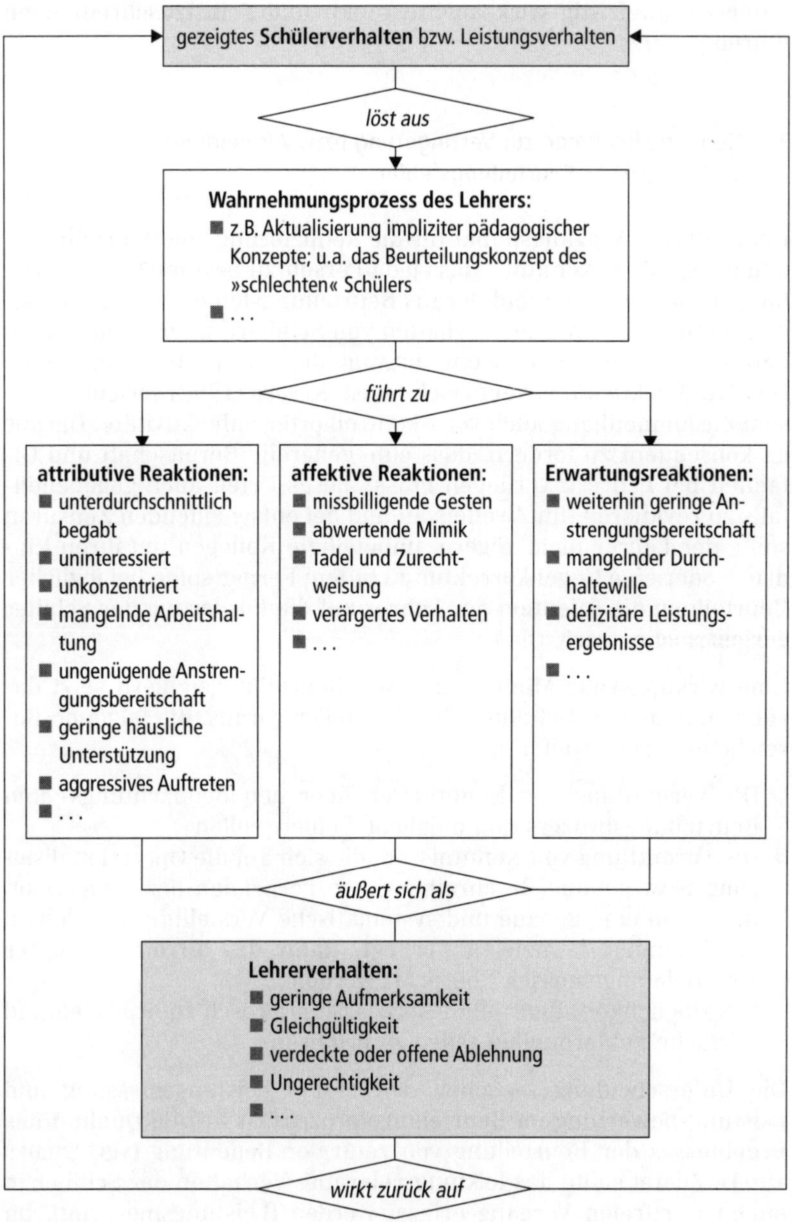

Abbildung 5: Wirkrichtungen der Reaktionen im Interaktionsprozess bei Misserfolgsprojektion des Lehrers

unter zu langfristig wirksamen Fremd- und Selbstzuschreibungen führen.

3.4 Gegenmaßnahmen zur Verringerung bzw. Vermeidung systematischer Beurteilungsfehler

Ein zentraler Ausgangspunkt für die Reduzierung von Beurteilungsfehlern ist die Erkenntnis, dass jede Person zu bestimmten Beurteilungstendenzen neigt und daraus Beurteilungsfehler entstehen können. Leistungsrelevantes Verhalten von Schülern zu messen und zu bewerten ist somit immer ein Vorgang, dessen Ergebnis durch eine relative Objektivität gekennzeichnet ist. Kleber (1992) spricht in diesem Zusammenhang auch von »kontrollierter Subjektivität«. Daraus ist konsequent zu fordern, dass eine generelle Bereitschaft und Offenheit bei Lehrern vorliegen muss, dieses Urteil auch gegebenenfalls zu revidieren. Im Zweifelsfall und bei entscheidenden Zensuren sollte der Lehrer nicht zögern, unbeteiligte Kollegen um ihren Eindruck oder eine Gegenkorrektur zu bitten. Ferner sollte bei jeglicher Beurteilung die Intention der Lehrer auf die Förderung der Schüler gerichtet sein.

Eine wirkungsvolle Minimierung von Beurteilungsfehlern setzt darüber hinaus eine Schulung der Beurteiler voraus, die folgende Bereiche abdecken sollte:

- Die Vermittlung von Kenntnissen über den Beobachtungs- und Beurteilungsprozess und mögliche Fehlerquellen.
- Die Vermittlung von Kenntnissen, die sich auf die Operationalisierung bzw. genaue Beschreibung von Lernzielen beziehen. Denn nur wenn eine genaue und systematische Vorstellung von den zu erreichenden Lernzielen vorliegt, kann das Erreichen dieser Lernziele angemessen überprüft werden.
- Die Möglichkeit, Beurteilungsprozesse praktisch zu erproben und mögliche Fehlerquellen selbst zu erfahren.

Die Unterscheidung zwischen den Stufen Leistungsmessung und Leistungsbewertung im Beurteilungsprozess ist für die Qualität des Ergebnisses der Beurteilung von zentraler Bedeutung (vgl. Sacher 1994). Zuerst sollte das leistungsrelevante Verhalten der Schüler in einem wertfreien Vorgang erfasst werden (Leistungsmessung). Im Anschluss daran sollte erst die Einordnung der Schülerleistung in ein Bezugssystem unter Zugrundelegung eines Beurteilungsmaßstabes erfolgen (Leistungsbewertung). Diese in Schritten vollzogene Leistungsbeurteilung der Lehrer fördert ein regelgeleitetes und systematisches Vorgehen. Die Gefahr von ungerechtfertigten und unreflektierten ›Verurteilungen‹ der Schüler wird damit zumindest geringer. »Die generelle Handlungsrichtlinie, um Beurteilungsfehlern zu begegnen, lautet: Man muss sich im wörtlichen Sinne ein Bild vom Schüler und von seiner Leistung ›machen‹, d. h. systematisch erarbeiten! Nur, wenn wir unser Bild vom Schüler nicht irgendwie zustande kommen lassen, sondern es uns systematisch nach festen und klaren Regeln erarbeiten, verhindern wir, dass zufällig ablaufende und unbewusste Prozesse unsere Wahrnehmung und unser Urteil bestimmen.« (SACHER 1994, S. 46, Herv. im Org.)

Wie den Beurteilungsfehlern präventiv begegnet werden kann und welche Maßnahmen dazu geeignet scheinen, hat LUDWIG (1995, S. 116 f.) in einer Übersicht zusammengestellt, wobei er sich insbesondere auf Erkenntnisse und Anregungen von KLEBER (1992) und SACHER (1994) beruft:

- »Einsicht in die Subjektivität des eigenen Urteils und die Bereitschaft bzw. Offenheit, es zu revidieren. (Dies setzt die Fähigkeit der Selbstkritik voraus.)
- Strikte mentale Trennung von objektiver Beschreibung einer Leistung und ihrer Bewertung. Sehr schnell wird aus einer Beobachtung eine gewagte Interpretation. Die Bewertung sollte erst am Ende des Prozesses der systematischen Leistungsbeobachtung stehen.
- Bildung der Gesamtbewertung erst nachdem einzelne (vorher festgelegte) Aspekte und Dimensionen zu Teilleistungen überprüft und bewertet worden sind. ›Globale Beurteilungsgesichtspunkte sind gefährlich‹ (SACHER 1994, S. 45); etwa der oft beschworene ›Gesamteindruck‹ als Ausgangsbasis.
- Abstand nehmen von Vorinformationen der Schüler durch Schülerakten oder den Lehrerzimmerklatsch.
- Schriftliche Korrekturen sollten nach Möglichkeit ›blind‹, d. h. ohne Kenntnis des Schülernamens erfolgen.
- Im Zweifelsfall und bei entscheidenden Zensuren darf es nicht als ehrenrührig gelten, unbeteiligte ›neutrale Kollegen‹ um ihren Eindruck oder um eine Gegenkorrektur zu bitten.«

ZIEGENSPECK (1999) hebt in diesem Zusammenhang noch einmal berechtigterweise die Qualifizierung der Lehrer durch intensive Schulungs- und Trainingsmaßnahmen hervor, indem er auf eine Aussage von Hasemann (1964, S. 826) hinweist: »Nur der Beurteiler, der sich über mögliche Fehler bei der Beurteilung genau im Klaren ist, kann versuchen, sie zu vermeiden; und nur der Beurteiler, der die Personen, die er beurteilen soll, möglichst intensiv beobachtet hat, kann zuverlässige Aussagen über sie machen.«

Neben diesen generellen Ausführungen zur Reduzierung von Beurteilungsfehlern werden in Anlehnung an Sacher (1994) nachstehend konkrete Vorschläge gemacht, wie Fehler vermieden bzw. in ihrer negativen Wirkung minimiert werden können:

1. Strenge- oder Mildefehler, die Tendenz zur Mitte und die Tendenz zu Extremurteilen lassen sich vermeiden, wenn Lehrer sich verdeutlichen, zu welcher Form der Beurteilung sie tendieren. Ein Verfahren der Selbstbeobachtung, bei dem systematisch Informationen zum eigenen Beurteilungsverhalten über einen längeren Zeitraum hinweg, bei einer größeren Zahl von Schülern und in mehreren Klassen in schriftlicher Form gesammelt werden, bietet sich hierzu an. Die vorliegenden Daten können dann dazu genutzt werden, um eventuell vorhandene Tendenzen zu identifizieren, d. h. man kann die Daten darauf hin befragen, ob bestimmte Urteile auffällig häufiger als andere vorkommen. Als zusätzliche Informationsquelle kann man dann noch die Beurteilungen über dieselben Schüler anderer Lehrer heranziehen.

2. Bestimmte Beurteilungstendenzen sind fächer-, schulart- und schulstufenspezifisch. So wird in Musik und Kunst überwiegend mild beurteilt und in Mathematik und Latein hauptsächlich streng. Lehrer sollten sich darüber klar werden, ob ihr Beurteilungsverhalten solchen Tendenzen unterliegt.

3. Eine mögliche Ursache für Strenge- oder Mildefehler ist eine Fehleinschätzung der Leistungsfähigkeit von Schülern einer Altersstufe. Lehrer, die in verschiedenen Stufen unterrichten und dadurch von einer zur anderen wechseln, laufen besonders Gefahr, eine solche Fehleinschätzung vorzunehmen. Das Studium entwicklungspsychologischer Literatur, die Anwendung geeichter Schulleistungstests und regelmäßige Gespräche mit Kollegen können dabei helfen, Anforderungen an die jeweilige Stufe zu stellen, die für sie angemessen ist.

4. Der Tendenz zu Extremurteilen kann entgegengewirkt werden, indem der Lehrer sich bei jeder Schwäche bzw. Stärke in einer Leistungskontrolle fragt, ob sie tatsächlich in dem Maße heraus-

ragt, dass eine besonders ›gute‹ bzw. ›schlechte‹ Zensur ihre Berechtigung hätte. Zudem sollte in jedem Leistungsbild sowohl erst nach Stärken als auch dann nach Schwächen Ausschau gehalten werden, da Schüler selten Leistungen immer gleichen Niveaus erbringen.

5. Erst wenn Lehrer umfassend Informationen zum Leistungsstand des Schülers systematisch gesammelt haben, dann sollten sie die Leistung des Schülers beurteilen. Konkret bedeutet dies beispielsweise, dass in schriftlichen Leistungskontrollen erst die Aufgabe 1 über die gesamte Klasse hinweg korrigiert wird, dann die Aufgabe 2 usw. Mit dieser Vorgehensweise ist der Vorteil verbunden, dass nicht doch unter der Hand ein ›falscher‹ Gesamteindruck entsteht.

6. Der Halo-Effekt kann minimiert werden, wenn der Lehrer sehr markante Merkmale von Schülern wenigstens zeitweise versucht, nicht zu beachten, damit andere, ebenfalls vorhandene Merkmale auch wahrgenommen werden können.

4. Prüfungen konzipieren

4.1 Zwei leitende Grundsätze

Für das Konzipieren von Prüfungen gelten zwei leitende Grundsätze:

1. Der Grundsatz der proportionalen Abbildung
Nur in Ausnahmefällen kann man alle im Unterricht behandelten Inhalte zum Gegenstand einer Prüfung machen, und erst recht nicht kann man sie in allen möglichen Prüfungs- und Aufgabenformen prüfen. Normalerweise kann in Prüfungen das Können der Schüler nur an Stichproben überprüft werden. Deshalb sind wir eigentlich auch nur in der Lage, Aussagen über ihr Prüfungskönnen zu machen, d.h. über jenes Können, das sie in der betr. Prüfung zeigen. Der Schluss auf ihr »Grundkönnen«, d. h. ihr wirkliches Können, das sie gezeigt hätten, wenn wir den gesamten Stoff in allen möglichen Prüfungs- und Aufgabenformen geprüft hätten, ist stets mit erheblichen Unsicherheiten behaftet.

Damit dieser Schluss vom Prüfungskönnen auf das Grundkönnen nicht allzu unzuverlässig wird, dürfen wir die Auswahl der Prüfungsinhalte nicht zufällig und willkürlich vornehmen. Die Aufgabenstichprobe der Prüfung soll wenigstens einen repräsentativen Querschnitt des vorangehenden Unterrichts darstellen, so dass sie gewissermaßen ein verkleinertes Abbild von ihm ist, das seine ursprünglichen Proportionen und Gewichtungen wahrt. Das soll auch hinsichtlich der Anforderungsniveaus, der abverlangten Konzentration und Ausdauer, der Arbeitsgeschwindigkeit und der erlaubten Hilfsmittel gelten. Wenn amtliche Vorschriften in der Regel besagen, die Prüfung solle auf natürliche Weise aus dem Unterricht hervorgehen, dann werden offenbar genau solche Übereinstimmungen gefordert.

2. Der Grundsatz der Variabilität
Alle Prüfungsmodalitäten bevorzugen bestimmte Schüler und benachteiligen andere. Deshalb müssen Prüfungen abwechslungsreich gestaltet werden und einen gewissen Formenreichtum hinsichtlich der Prüfungs- und Aufgabenformen, des Umfangs und der Komplexität der Aufgaben aufweisen.

4.2 Auswahl der Prüfungsinhalte, der Prüfungsform und der Aufgabenformen

Der Grundsatz der proportionalen Abbildung bedeutet hier: Inhalte, die im Unterricht viel Platz einnahmen, müssen auch bei der Auswahl des Prüfungsstoffes stärker berücksichtigt werden, und was nur am Rande erwähnt wurde, darf auch in der Prüfung lediglich marginale Bedeutung haben. Es ist unzulässig, ausführlicher auf Stoff zurückzugreifen, der in der letzten Stunde vor der Prüfung nur noch schnell »angetippt« wurde. Auch sollten nicht ganze Gebiete, die im Unterricht behandelt wurden, einfach unberücksichtigt bleiben.

Im Zweifelsfall sind Inhalte vorzuziehen, die für den weiteren Lernprozess von größerer Bedeutsamkeit sind, also solche, welche grundlegende Bedeutung haben und immer wieder aufgegriffen werden. Aber eigentlich sollten sie wegen ihrer Bedeutsamkeit auch ausführlicher im Unterricht behandelt worden sein, so dass dieser Forderung schon durch die Überlegungen des vorangehenden Absatzes Rechnung getragen wird.

Auf Grund geltender Vorschriften haben LehrerInnen nur selten die Freiheit, entweder schriftlich oder mündlich oder praktisch zu prüfen. Oft aber stehen wenigstens zwei dieser drei Prüfungsformen zur Wahl. Längst nicht immer ist es zwingend erforderlich, dass in bestimmten Fächern nur in der traditionell gebräuchlichen Form geprüft wird. Warum sollten z. B. in einem naturwissenschaftlichen Fach keine praktischen Prüfungen möglich sein? Lässt sich das Verständnis einer Versuchsanordnung nicht auch dadurch demonstrieren, dass man in der Lage ist, sie funktionsfähig aufzubauen? Zeigt deren schriftliche oder mündliche Beschreibung wirklich mehr Verständnis? Kann im Kunstunterricht die Beherrschung der Regeln des Bildaufbaus und der Farbkomposition nur über eigene Gestaltungsversuche gezeigt werden und nicht ebenso gut durch mündliche oder schriftliche Analyse einer künstlerischen Produktion?

Und wenn die Vorschriften keinerlei Spielraum für die Wahl der Prüfungsform lassen, dann muss wenigstens gewährleistet sein, dass die Prüfungsform mit den Arbeitsformen im vorangegangenen Unterricht übereinstimmt. D. h. die Prüfungsform muss hauptsächlich Aktivitäten von der Art fordern, wie sie auch im Unterricht vorherrschten. Praktisch zu prüfen, ist nur zulässig, wenn auch im Unterricht praktisch gearbeitet wurde, schriftlich zu prüfen lediglich dann, wenn auch schriftliche Übungsgelegenheiten bestanden, und mündliches Prüfen setzt voraus, dass auch im Unterricht ausreichend Möglichkeit zu mündlicher Formulierung bestand. Oft genug aber verläuft der Unterricht hauptsächlich mündlich mit schriftlichen Übungen, die in Hausaufgaben ausgelagert werden, über deren Fertigungsbedingungen nur wenig bekannt ist. Unter solchen Umständen verstoßen schriftliche Prüfungen gegen den Grundsatz der proportionalen Abbildung.

Der Grundsatz der Variabilität gebietet eine gewisse Abwechslung der mündlichen, schriftlichen und praktischen Prüfungsform. Jede dieser Prüfungsformen hat Vorzüge und Nachteile, von denen bestimmte Schüler mehr oder weniger betroffen sind. Bei mündlichen Prüfungen kann man mehr in die Tiefe gehen, aber auch mehr Hilfestellungen geben als bei schriftlichen. Dafür sind sie für viele Schüler stärker mit Angst besetzt, weil man immer sofort reagieren muss und nur selten in Ruhe überlegen kann. Bei mündlichen und praktischen Prüfungen gibt es im Unterschied zu schriftlichen Prüfungen vielfach keine Möglichkeit, Fehler unbemerkt zu korrigieren. Dafür sind praktische Prüfungen oft lebensnäher und lebensrelevanter und deshalb auch motivierender als schriftliche und mündliche.

Oft wird die Prüfungsform vor allem im Hinblick auf bestimmte Funktionen der Leistungsüberprüfung und -beurteilung gewählt: Schriftliche Prüfungen sind einfach zu organisieren, zu reglementieren und zu beaufsichtigen und liefern zeitbeständige und gut vergleichbare Produkte – letztlich Aktenvorgänge. Damit legt sich die schriftliche Prüfungsform nahe, wenn man sich für eine verwaltungsrechtliche Überprüfung wappnen will. Ob man durch sie immer auch das Optimum jener Informationen über den Leistungsstand der Schülerinnen erhält, die man benötigt, um sie gezielt zu fördern, ist eine ganz andere Frage. Es ist eine Absurdität besonderer Art, dass in unseren Schulen bei den sogen. Stegreifaufgaben (Extemporalen) mündliche Leistungen durch schriftliche Prüfungen erhoben werden! Die seltene Anwendung der praktischen Prüfungsform dürfte im Übrigen Kindern der Mittel- und Oberschicht erhebliche Selektionsvorteile verschaffen.

Gewöhnlich unterscheiden wir geschlossene, halb offene und offene Aufgabenformen:

Wird den Schülern die richtige Antwort zusammen mit falschen oder halbrichtigen Antworten vorgegeben, sprechen wir von *geschlosse-*

nen Aufgaben. Die bekannteste Variante dieser Aufgabenform sind Multiple-Choice-Aufgaben.

Haben die Schüler die richtige Lösung nicht nur zu identifizieren, sondern zu konstruieren, und ist ihnen dabei eine gewisse Formulierungsvielfalt eingeräumt, so sprechen wir von *offenen Aufgabenformen.* Bei Freiantwortaufgaben besteht die Konstruktionsleistung aus einzelnen Sätzen, bei der Essayform aus längeren Ausführungen.

Haben die Schüler die Antwort zwar zu konstruieren, jedoch in einer im Großen und Ganzen festliegenden, zudem meist knappen Formulierung, die nur wenig Abweichung zulässt, so sprechen wir von *halb offenen Aufgaben.* Die wohl bekannteste Variante halb offener Fragen sind Lückentexte. Aber auch die Frage »Wie hoch ist die Zugspitze?« ist eine halb offene Aufgabe. Die Antwort darf kaum anders lauten als »2 962 Meter« oder »Sie ist 2 962 Meter hoch.« Dagegen ist die Frage »Wie entsteht ein Wirbelsturm?« eher eine offene. Um sie zu beantworten, muss man etwas weiter ausholen, und zugleich wird hier im Allgemeinen eine größere Bandbreite von Formulierungen zulässig sein. Wir sehen an diesen Beispielen aber zugleich, dass der Übergang von halb offenen zu freien Aufgaben durchaus fließend ist: Auch bei der letzteren Frage kann die Lehrkraft eine bestimmte Antwort in einem einzigen Satz erwarten, der im Heft fixiert wurde. Solche Antworterwartungen müssen aber auch dem Schüler deutlich gemacht werden, damit sie nicht halb offene Aufgaben für offene halten und bei ihrer Beantwortung scheitern.

Bei den *offenen Aufgaben* unterscheiden wir im Allgemeinen:[1]

- offene Gestaltungsaufgaben, die den Schülern eine mündliche, schriftliche oder praktische Gestaltungsleistung abverlangen, z. B. »Formuliere eine überprüfbare Hypothese zu deiner Beobachtung.«

- *offene Deutungsaufgaben*, welche die Interpretation einer vorgegebenen Situation oder von vorgegebenem sinnhaftem Material fordern, z. B. »Welche Stimmung drückt der Dichter in der letzten Strophe aus?«. Dabei ist ein dem Material oder der Situation immanenter, in Fachkreise gewöhnlich längst bekannter Sinn vom Schüler herauszuarbeiten.

- *offene Assoziationsaufgaben*: Hier sollen freie Assoziationen zu vorgegebenen Reizen geäußert werden, z. B. »Welche Gefühle hast du, wenn du diese Statue ansiehst?« Als Reize in diesem Sinne können Wörter, Geschichten, Bilder, Dinge, Töne usw. fungieren.

Bei den *geschlossenen Aufgabenformen* unterscheidet man:

- *geschlossene Identifikations- und Auswahlaufgaben*, bei welchen eine richtige oder falsche Antwort unter den angebotenen Antwortmöglichkeiten zu identifizieren ist
- *geschlossene Zuordnungsaufgaben*, bei denen vorgegebene Informationen anderen richtig zuzuordnen sind, z. B. Wortpaare so, dass jeweils Gegensätze entstehen
- *geschlossene Ergänzungsauswahlaufgaben*, welche das Ergänzen von Informationslücken aus einem vorgegebenen Angebot fordern
- *geschlossene Substitutionswahlaufgaben*, bei denen falsche Teile einer Information durch vorgegebene andere Informationsteile ersetzt werden müssen
- *geschlossene Umordnungsaufgaben*, die das Ordnen vorgegebener Informationen zum Inhalt haben.

Auch die Auswahl der Aufgabenformen hat das Prinzip der proportionalen Abbildung zu berücksichtigen, d. h. die Aufgabenformen müssen mit den Arbeits- und Übungsformen übereinstimmen, die im vorangegangenen Unterricht verwendetet wurden. Z. B. ist es unzulässig, in Prüfungen Essays zu fordern, wenn im Unterricht überwiegend Lückentexte bearbeitet wurden.

Die Auswahl der Aufgabenformen hat im Bewusstsein ihrer Vor- und Nachteile zu erfolgen:

- In der Praxis findet sich die verbreitete Meinung, mit geschlossenen Aufgaben könne man nur einfachstes Faktenwissen überprüfen. Das ist so nicht richtig. Bei Bloom (1972) etwa findet man reichlich Gegenbeispiele. Richtig ist aber, dass viele Lehrer sich schwer tun, anspruchsvolle geschlossene Aufgaben zu formulieren. Dazu bedürfte es eines besonderen Trainings.

- Mit geschlossenen Aufgabenformen kann nur passive, nicht jedoch aktive Verfügbarkeit von Wissen überprüft werden. D. h. es genügt, die richtige Lösung wieder zu erkennen, man muss sie nicht selbst finden bzw. konstruieren. Das ist nicht unbedingt ein Mangel. Denn längst nicht in allen Leistungsbereichen muss man aktiv verfügbares Wissen besitzen. Z. B. genügt es vollkommen, Verkehrsschilder wiederzuerkennen und ihnen die richtige Bedeutung zuzuordnen. Niemand muss sie aufmalen können. Wird aber mit offenen oder halb offenen Fragestellungen aktiv verfügbares Wissen abgeprüft, dann kann sich bloß passiv verfügbares Wissen, das vielleicht doch vorhanden ist, obwohl nicht aktiv auf es zugegriffen werden kann, nicht zeigen.

■ Da bei geschlossenen und halb offenen Aufgabenformen die Art der Antwort schon vorher ziemlich präzise festgelegt ist, können mit ihnen kreative Leistungen nicht erfasst werden.

■ Ferner ermöglichen geschlossene Aufgabenstellungen keine Prozessdiagnose der Leistung. Wir können z.B. nicht feststellen, welche Lösungswege Schüler beschritten und welche Verfahren sie anwendeten.

■ Oft wird auch gegen geschlossene und halb offene Aufgabenformen vorgebracht, sie vernachlässigten die sprachliche Förderung der Schüler, so dass z.B. eine Klasse, die regelmäßig Lückentexte oder Multiple-Choice-Aufgaben bearbeitet, kaum noch zusammenhängende Sätze formulieren kann. Dieses Argument verfängt allerdings nur hinsichtlich halb offener und geschlossener Arbeits- und Übungsformen, kaum hinsichtlich der entsprechenden Prüfungsformen. Prüfungen sind ja wohl kaum der Ort, an dem sich die sprachliche Förderung der Schüler zu vollziehen hat. Diese muss vielmehr im Unterricht geschehen. Sofern dem Grundsatz der Proportionalität Rechnung getragen wird, kommen allerdings dann, wenn halb offene oder geschlossene Aufgabenformen in der Prüfung umfänglicher zum Einsatz gelangen, auch im Unterricht entsprechende Arbeitsformen häufiger vor, so dass jedenfalls darauf zu achten ist, dass dort die sprachliche Förderung nicht zu kurz kommt.

■ Ein anderes Argument ist, dass bei der Beantwortung offener Aufgaben gerade wegen der durch sie geforderten höheren Sprachleistung leicht sprachliche Kompetenzen im Übermaß in die Bewertung mit eingehen, so dass die Validität[2] der Prüfung verletzt wird.

■ Eine Prüfung mit vielen geschlossenen Aufgaben zu entwerfen, kann rasch sehr zeitaufwendig werden. Andererseits jedoch ist eine solche Prüfung viel rationeller zu korrigieren als eine Prüfung mit offenen Aufgaben. Im Extremfall kann man sich einer Auswertungsschablone bedienen.

■ Prüfungen mit geschlossenen oder halb offenen Aufgabenformen können von den Schülern rascher bearbeitet werden. Deshalb werden sie im Allgemeinen mehr Aufgaben umfassen als Prüfungen mit offenen Aufgaben. Dadurch wiederum wird die Schülerleistung zuverlässiger erfasst, weil zufällige Erfolge und Misserfolge bei größerer Aufgabenzahl immer unwahrscheinlicher werden. D. h. es kommt zu einer Steigerung der Reliabilität.[3]

■ Schülerleistungen, die in halb offenen und insbesondere in geschlossenen Aufgaben erbracht werden, sind besser vergleichbar als solche, die bei offenen Aufgabenstellungen gezeigt werden. Deshalb ist häufig ihre Objektivität[4] besser.

- Wie allgemein bekannt ist, verführen geschlossene Aufgaben die Schüler zum Raten. Dem kann man aber entgegenwirken, wenn man die Zahl der angebotenen Antwortalternativen nicht zu klein werden lässt. Mindestens 4 oder 5 sollte man im Allgemeinen schon vorsehen. Außerdem dürfen die falschen Antwortalternativen (die Distraktoren) nicht so unwahrscheinlich sein, dass Schüler sie von vornherein nicht in Betracht ziehen, und die Aufgabenformulierungen sollten auch keine verdeckten Hinweise auf die richtige Antwort enthalten. Der Rateeffekt kann bei der Benotung einkalkuliert werden, indem so benotet wird, dass Schüler mit dem allein durch Raten zu erzielenden Anteil richtiger Lösungen (z. B. 25 % bei jeweils 4 Anwortalternativen) noch nicht über die Note 6 hinauskommen.

Auch bei den Aufgabenformen gilt das Prinzip der Variabilität: Jede Aufgabenform bevorzugt bestimmte Schüler und benachteiligt andere. Deshalb sollte man auf Abwechslung bedacht sein. Außerdem müssen bearbeitungstechnisch anspruchsvollere Aufgabenformen entsprechend dem Prinzip der Proportionalität im Unterricht ausreichend geübt werden, bevor man sie in Prüfungen verwendet. Das gilt vor allem für die verschiedenen Varianten geschlossener Aufgaben.

4.3 Festsetzen der Anforderungsniveaus, Formulierung der Aufgaben, Festlegen des Aufgaben- und Prüfungsumfanges

Nach dem Prinzip der Proportionalität muss auch das Anforderungsniveau der einzelnen Aufgaben mit dem Arbeitsniveau im Unterricht übereinstimmen. So darf z. B. Verständnis nur dann geprüft werden, wenn der Unterricht auch Verständnis anbahnte, nicht aber, wenn er sich nur auf der Ebene von Informationsvermittlung und -wiedergabe bewegte. Es genügt also nicht, dass ein Inhalt im Unterricht irgendwie »behandelt« oder »erwähnt« wurde. Er muss auf dem Niveau behandelt worden sein, auf dem er abgeprüft wird.

Zur Abstimmung und Kontrolle der Anforderungsniveaus kann man eine der gebräuchlichen Taxonomien benutzen, also z. B. ROTHS (1976, S. 181) Unterscheidung von Reproduktion, Reorganisation, Anwendung und Transfer sowie Problemlösen, die allerdings nur für kognitive Lernziele gilt, oder die Taxonomien von Bloom (1972), Krathwohl u. a. (1975), Dave (1968) oder Guilford (1967) u. a.

Vor Aufgaben mit mutmaßlich sehr hohem Anforderungsniveau, die aller Wahrscheinlichkeit nach nur sehr wenige Schüler bewältigen können, ist zu warnen. Diese sog. »Einserbremsen« verursachen leicht auch eine Schwemme von Fünfen und Sechsen.

Bei der Aufgabenformulierung sollte man sich einer gut verständlichen und altersgemäßen Sprache bedienen und ungeläufige Begriffe vermeiden. Das ist nicht so trivial, wie es sich vielleicht liest. Es ist nämlich zu bedenken, dass Prüfungen emotional besetzte Situationen darstellen, was u. a. zur Folge hat, dass das Sprachverständnis der Schüler in der Regel stark eingeschränkt ist. Schüler werden hier häufig schon durch Formulierungen irritiert, die ihnen in einer entspannten Situation keine Verstehensschwierigkeiten bereiten würden. Man sollte das Sprachniveau also eher schlichter wählen als normalerweise im Unterricht und zusätzliche Strukturierungshilfen durch Hervorhebungen, Nummerierungen, grafische Darstellungen usw. geben. Komplizierte Satzkonstruktionen haben zu unterbleiben.

Vor allem dürfen in der Aufgabe Informationen und Fragen nicht vermengt werden wie im folgenden Beispiel:

»Mutter kauft im Supermarkt ein. Sie nimmt 2 kg Äpfel, das kg zu DM 4,50, 3,5 kg Tomaten, das kg zu DM 2,80, 1 Brot zu DM 3,80, 4 Stücke Obstkuchen zu je DM 2,30 und 300 g Putenwurst, wovon 100 g DM 1,60 kosten. Was bekommt sie heraus, wenn sie mit einem Hundertmarkschein bezahlt und an der Kasse noch 3 Beutel Bonbons zu je DM 3,50 und 2 Tafeln Schokolade zu je DM 2,20 mitnimmt?«

Die Information über den Kauf der Süßigkeiten und über den Geldschein, mit dem die Mutter bezahlt, hat in der Frage nichts zu suchen. Sie müsste gegeben werden, bevor diese gestellt wird.

Offene Formulierungen sind in Prüfungsaufgaben nur dann zu verwenden, wenn auch vielerlei Antworten zulässig sind und gleich gewertet werden. Wenn die Schüler Antworten auf höheren kognitiven Niveaus geben, also Beziehungen aufzeigen, Klassifikationen und Definitionen geben, Regeln und Prinzipien formulieren sollen, ist es unerlässlich, entsprechende präzise Fragen zu stellen. Bei unseren laufenden Nürnberger Forschungsarbeiten zu kognitiven Niveaus im Unterricht ergaben sich deutliche Hinweise dafür, dass Schülerreaktionen auf offene Impulse in der Mehrzahl eher niedrigeres kognitives Niveau haben als solche auf enge Fragestellungen.

Hinsichtlich der Aufgabengröße und des Prüfungsumfangs sind zwei miteinander zusammenhängende Entscheidungen zu fällen:

- Wie umfangreich sollen die einzelnen Aufgaben sein?
- Aus wie vielen Aufgaben soll und kann dementsprechend die Prüfung bestehen?

Die Leistungen der Schüler werden umso zuverlässiger abgeprüft, je mehr Aufgaben die Prüfung enthält. Andererseits sind Aufgaben, die anspruchsvollere Kompetenzen abprüfen, meistens komplexer und deshalb auch umfangreicher. In der Regel kann man nur schlichte Fakten in kurzen Fragen abprüfen. Ferner werden in Prüfungen mit umfangreicheren Aufgabenstellungen Leistungen besser in ihrer Ganzheitlichkeit erfasst. Wie gut Schüler die einzelnen Komponenten schriftsprachlicher Gestaltung zu einer gelungenen Synthese bringen können, lässt sich nur durch die umfängliche und komplexe Aufgabe, einen Aufsatz zu schreiben, überprüfen. Niemand wird auf den Gedanken kommen, systematischen Aufbau, treffende Wortwahl, übersichtlichen Satzbau, Vermeiden häufiger Passivkonstruktionen, Verwendung von Hypotaxen anstelle von Parataxen usw. in gesonderten Aufgaben zu prüfen.

Man sollte deshalb entweder mit abwechselnden Schwerpunkten prüfen, d. h. einmal auf Ganzheitlichkeit und Tiefe, indem man relativ komplexe und infolgedessen wenige Aufgaben stellt, ein andermal auf Breite und Vollständigkeit mit kleineren, dafür aber zahlreicheren und thematisch breiter gestreuten Aufgaben. Man kann auch Prüfungen aus jeweils zwei Teilen aufbauen, von denen der eine einige komplexere und der andere eine Reihe kleinerer Aufgaben enthält.

Bei der Analyse von jeweils 100 Schulaufgaben und Stegreifaufgaben aus mehreren Fächern in 7. bis 10. Realschulklassen, fanden wir, dass in der Praxis eher wenig komplexe Aufgaben dominieren, was darauf schließen lässt, dass viel zu einseitig nur schlichte kognitive Leistungen abgeprüft werden. Ca. $^{2}/_{3}$ aller Prüfungen hatten einen relativ niedrigen Komplexitätsgrad: Es waren pro Aufgabe im Durchschnitt nicht mehr als 4 Punkte zu erreichen (Lederer 1998).

In jedem Fall sind Prüfungen mit zu wenigen Aufgaben bzw. mit zu wenigen möglichen Rohpunkten oder Fehlern zu vermeiden. Sie entarten leicht zu einem Lotteriespiel, in dem Glück und Pech und zufällig getroffene Stärken und Schwächen der Schüler eine viel zu große Rolle spielen, weil ihr Leistungsprofil nicht in ausreichender Breite abgeprüft wird. Insbesondere Stegreifaufgaben sind in dieser Hinsicht oft hochproblematisch, wobei die entsprechenden Vorschriften kaum viel Spielraum lassen, sie umfänglicher zu gestalten. Man sollte sich aber wenigstens bewusst sein, dass sie mindestens teilweise auch andere Funktionen haben als die der Leistungsfeststellung – z. B. die der Überprüfung der Aufmerksamkeit der Schüler in der vorangehenden Stunde und der Kontrolle der häuslichen Nacharbeit – und ihnen nicht allzu viel Bedeutung beimessen.

4.4 Die Reihenfolge der Aufgaben

Zwar überlässt man es meistens den Schülern, in welcher Reihenfolge sie die einzelnen Aufgaben einer Prüfung bearbeiten wollen. Dennoch verdient die Anordnung der Aufgaben auf der Angabe unsere Aufmerksamkeit. In jedem Falle lesen die Schüler die Aufgaben in der vorgegebenen Reihenfolge. Darüber hinaus werden sie innerhalb komplexerer Aufgaben kaum die Reihenfolge von Teilfragen verändern – sehr oft ist das auch gar nicht möglich, weil diese aufeinander aufbauen. Und erfahrungsgemäß macht der größte Teil der Schüler auch nur sehr mäßigen Gebrauch von der Möglichkeit, die vorgegebene Sequenz zu durchbrechen. In unserer schon erwähnten Nürnberger Untersuchung (LEDERER 1998) fanden wir, dass fast 80 % der Aufgaben in der vorgegebenen Reihenfolge bearbeitet wurden. (LEDERER 1998):

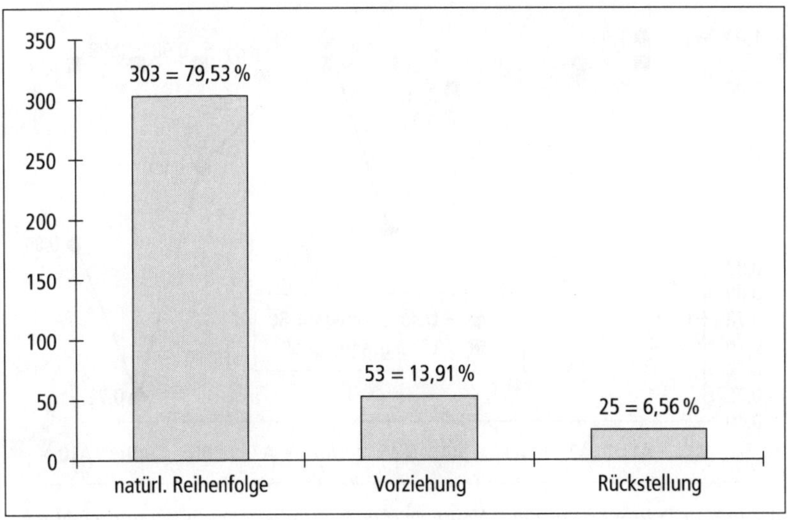

Abbildung 6: Bearbeitungsreihenfolge der 1. bis 10. Aufgabe

Die Reihenfolge der Aufgaben auf dem Angabenblatt muss also eine psychologisch und pädagogisch sinnvolle sein, welche die Schüler beibehalten können, ohne Nachteile dadurch zu erleiden.

Es hat sich gut bewährt, eine leichtere und wenig komplexe Aufgabe an den Anfang zu stellen. Die Schüler sollten im Sinne eines »warming up« erst einmal mit der Prüfungssituation vertraut werden und das Gefühl haben, ganz gut zurechtzukommen. Wird die Prüfung mit einer sehr anspruchsvollen Aufgabe begonnen, können sich blockierende Ängste aufbauen. Diese bleiben dann vielfach auch bestehen, wenn die Schüler sich anschließend einfacheren Aufgaben zuwenden, so dass selbst diese nicht mehr bewältigt werden. Die höchsten Schwierigkeiten wird man eher im Mittelbereich der Prüfung ansiedeln. Auch gegen Ende zu sollten die Anforderungen wieder etwas geringer werden, weil dann meistens schon Ermüdung einsetzt und die Konzentration nachlässt.

In der erwähnten Nürnberger Untersuchung (Lederer 1998) ergab sich, dass viele Lehrkräfte solche Gesichtspunkte nicht berücksichtigen. Aufgaben, die am Anfang, in der Mitte oder am Ende stehen, unterschieden sich nicht signifikant voneinander.

Das bewirkt zum einen, dass schwierigere Aufgaben im späteren Verlauf der Prüfung deutlich seltener in Angriff genommen werden. D. h. die Schüler versuchen noch nicht einmal sie zu lösen. Bei leichteren Aufgaben hingegen hat die Positionierung in der Prüfung keinen nennenswerten Einfluss auf die Inangriffnahme:

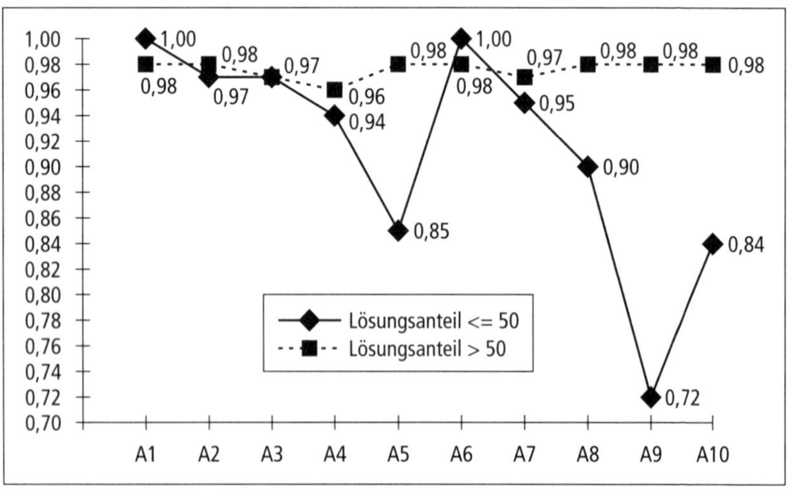

Abbildung 7: Inangriffnahme, Nummer (Bearbeitungsreihenfolge) und Lösungsanteil von Prüfungsaufgaben

Ebenso werden auch komplexere Aufgaben, die mehrere Teile bzw. Aspekte enthalten, im späteren Verlauf der Prüfung deutlich seltener in Angriff genommen. Bei weniger komplexen Aufgaben hingegen hat auch hier die Positionierung in der Prüfung keinen nennenswerten Einfluss auf die Inangriffnahme:

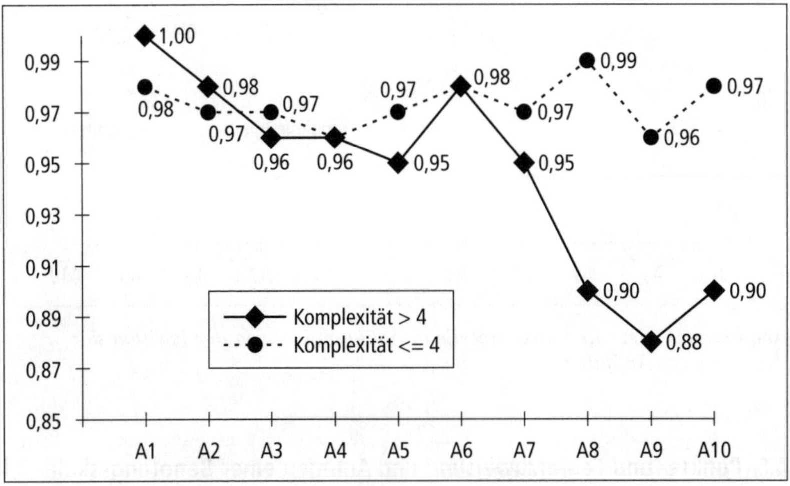

Abbildung 8: Inangriffnahme von Aufgaben in Abhängigkeit von der Reihenfolge und Komplexität

Dass Lehrer die Schwierigkeit und Komplexität der Aufgaben bei der Platzierung auf dem Angabenblatt häufig nicht berücksichtigen, bewirkt zusammen mit den aufgezeigten Verhaltenstendenzen der Schüler, dass diese bei Aufgaben, die weiter hinten positioniert sind, deutlich geringere Punkteanteile erzielen, d. h. weniger von den eigentlich möglichen Punkten erreichen. Dabei mag z. T. auch ein Ermüdungseffekt hineinspielen, der das Phänomen in seiner Durchgängigkeit aber nicht ausreichend erklärt. Besonders ausgeprägt war diese Tendenz bei Mathematikschulaufgaben.

Schwierigere und komplexere Aufgaben sollten also keinesfalls weiter hinten positioniert werden. (Siehe hierzu die Abbildung auf der Seite 66).

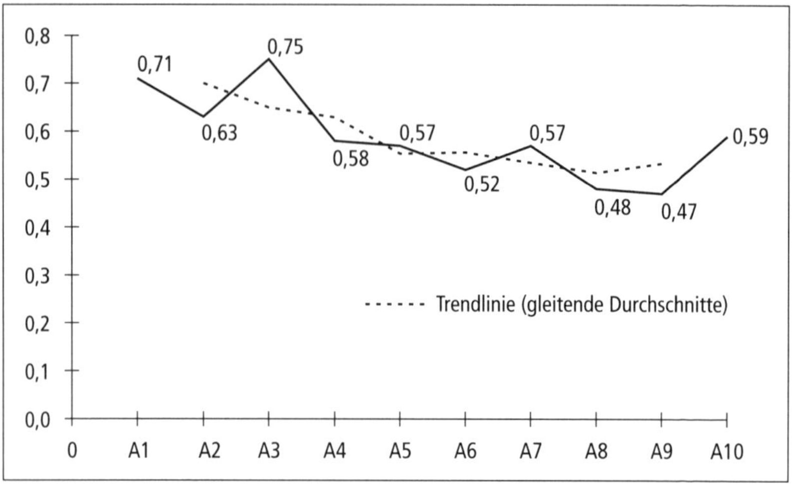

Abbildung 9: Erzielte Punkteanteile in Abhängigkeit von der Position der Aufgaben

4.5 Punkte- und Fehlerzuweisung und Anlegen einer Benotungsskala

Zum Zweck der Punkte- und Fehlerzuweisung müssen die zu erbringenden Schülerleistungen in Teilleistungen zerlegt werden. Wie fein man diese Zerlegung macht, ist letztlich Ermessenssache. Man sollte aber die unterschiedenen Teilschritte und Teilleistungen etwa gleich umfänglich halten, also nicht das eine Mal in sehr kleine Teilschritte aufgliedern und ein anderes Mal in recht grobe. Jede Teilleistung ist gleich zu gewichten, somit als ein Rohpunkt oder bei Nichterbringung als ein Fehler zu zählen. Umfangreichere und komplexere Aufgaben erhalten dadurch natürlich mehr Punkte bzw. mögliche Fehler zugewiesen.

Man sollte aber nicht angeblich schwierige oder leichte Teilleistungen unterschiedlich gewichten. Lehrer täuschen sich nämlich oft gravierend in der antizipierenden Einschätzung von Schwierigkeiten. Die Testpsychologie arbeitet aus guten Gründen nicht mit solchen »Apriori-Schwierigkeiten«, sondern mit »Aposteriori-Schwierigkeiten« (Lienert / Ratz 1998, S. 73 ff): Schwierig ist in diesem Verständnis einfach das, was den Schülern schwer fiel und infolgedessen nur von wenigen gelöst wurde. Ob es überhaupt eine Apriori-Schwierigkeit gibt, die man einer Aufgabe von vornherein ansehen kann, ist nicht geklärt. Wir können zwar psychische Prozesse unterschiedlicher Ranghöhe beschreiben, aber die ranghöheren Prozesse sind nicht immer auch die schwieriger zu vollziehenden. Fakten zu behalten und wiederzugeben z. B., ist sicher eine weniger niveauvolle Leistung als das Herstellen von Zusammenhängen, aber es kann in bestimmten Fällen erheblich mehr Mühe machen, z. B. bei Familiennamen.

Wie schwer eine Aufgabe einem Schüler fällt, hängt auch von seinen besonderen individuellen und soziokulturellen Lernvoraussetzungen und nicht zuletzt von der Qualität des vorangehenden Unterrichts ab und ist keineswegs nur eine Funktion bestimmter Merkmale der Aufgabe selbst.

Überhaupt ist Schwierigkeit letztlich keine pädagogische Kategorie. Schwierige Inhalte haben nicht eo ipso auch eine höhere Dignität im Unterricht, es sei denn, sie sind zugleich auch von hoher Bedeutsamkeit für den weiteren Lernprozess. Das ist aber nicht immer der Fall. Vielmehr können hohe und geringe Schwierigkeit einerseits und hohe und geringere Lernbedeutsamkeit andererseits im konkreten Inhalt alle Arten von Kombinationen eingehen.

Sinn machen würde es demnach eigentlich nur, bedeutsamere und weniger bedeutsame Aufgaben und Teilschritte unterschiedlich zu gewichten. Das ist aber nicht nötig, weil bedeutsamere Inhalte ohnehin einen größeren Raum im vorangehenden Unterricht einnehmen und deshalb nach dem Grundsatz der Proportionalität auch mehr bedeutsame als weniger bedeutsame Aufgaben in der Prüfung enthalten sein sollten. Dies ist die einzig redliche Art der Gewichtung, weil wir uns auf diese Weise zugleich auch ein einigermaßen sicheres Bild von den Kompetenzen der Schüler in den besonders bedeutsamen Bereichen machen. D. h. unsere Prüfung wird dann auch im Hinblick auf die bedeutsamsten Inhalte am reliabelsten. Mehrfachpunkte hingegen erhöhen die Reliabilität[5] nicht im Geringsten.

Beim Anlegen der Benotungsskala, nach der wir bestimmten Anzahlen von Rohpunkten bzw. Fehlern eine der sechs Notenstufen zuweisen, sollte die erste Überlegung der Grenze zwischen der 4 und der 5 gelten. D. h. wir sollten uns fragen, welche Leistung die Schüler mindestens erbringen müssen, um gerade noch die Note 4 zu erhalten. Die Festlegung dieser Schwelle ist an die sog. *Mindestkompetenz* zu knüpfen, d. h. an die Überlegung, *was die Schüler mindestens können müssen, um aller Voraussicht nach in dem betr. Fach und auf dem betr. Gebiet erfolgreich weiterzulernen* – was dafür im Sinne der Wortbedeutung der Note 4 eben noch »ausreicht«.

Erst in einem zweiten Schritt ist der Bereich oberhalb von dieser Schwelle in die Noten 1 bis 4 und derjenige unterhalb von ihr in die Noten 5 und 6 aufzugliedern. Dabei sollte bedacht werden, dass Noten, deren Bereich auf der Punkte- bzw. Fehlerskala zu schmal angelegt wird, nur sehr unsicher vergeben werden können: Wenn z. B. die Note 4 auf 10 bis 12 Punkte vergeben wird, so kann schon ein bisschen Pech oder Glück bewirken, dass ein Schüler nicht die 4 bekommt, die er im Hinblick auf sein Grundkönnen eigentlich verdient, sondern die 5 oder die 3. Reicht die 4 hingegen von 8 bis zu 14 Punkten, so ist schon erheblich mehr Pech oder Glück vonnöten, um denselben Effekt hervorzurufen.

Immer dieselbe Benotungsskala zu verwenden, ist nur sinnvoll, wenn wirklich auch alle Prüfungen dasselbe Anforderungsprofil aufweisen. Ansonsten müssen Skalen entsprechend den unterschiedlichen Anforderungen flexibel (strenger oder milder) angelegt werden. Die Anforderungen werden im Allgemeinen umso höher sein, je bedeutsamer die Kompetenzen sind, die wir abprüfen. Je mehr dies der Fall ist, desto weniger können wir nämlich Lücken und Ausfälle akzeptieren, die sich ja im weiteren Fortgang des Lernprozesses rächen würden. *Die Benotungsskala ist demnach umso strenger, je bedeutsamer die Prüfungsinhalte sind.*

»Taktisches« Benoten, das darauf abzielt, dass nicht zu viele gute oder schlechte Noten vergeben werden, stellt einen unpädagogischen Formalismus dar. In der genannten Nürnberger Untersuchung fanden wir, dass es verbreiteter Usus ist, schwierigere Prüfungen milder zu benoten, wie die Abbildung 10 auf der nächsten Seite zeigt.

Diese Tendenz ist im Übrigen ausgeprägter in Schulaufgaben als in Stegreifaufgaben. Es wird deutlich, dass die Benotung mindestens teilweise auch darauf abzielt, unzureichenden Lehrerfolg oder unangemessene Aufgabenstellungen im Nachhinein zu kaschieren.

4.6 Ausarbeiten einer Musterlösung

In der Schulpraxis können wir in der Regel unsere Prüfungen nicht vorher austesten und untaugliche Aufgaben ausmerzen, wie es der Testpsychologe im Testvorlauf tut. Manchmal kann man Aufgaben verwenden, die in anderen Klassen schon erprobt wurden. Häufig bleibt uns in der Schulpraxis aber nur die Möglichkeit, eine detaillierte Musterlösung auszuarbeiten.

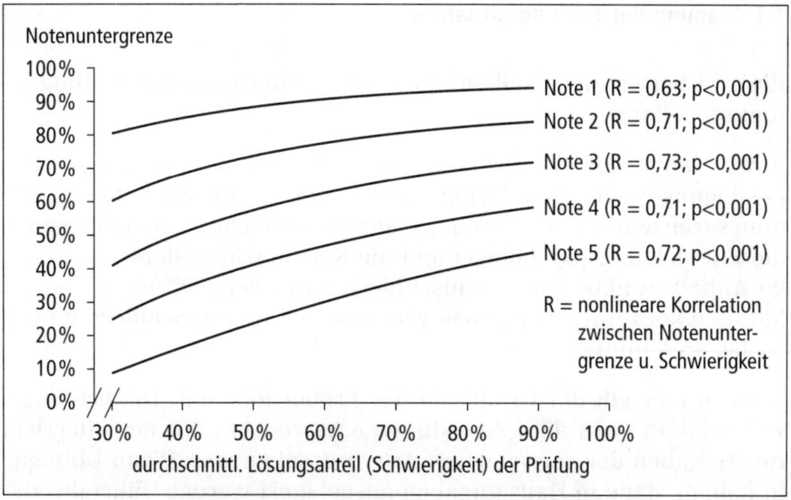

Abbildung 10: Durchschnittliche Lösungsanteile von Prüfungen und Strenge der Benotung (Regressionslinien)

Das sollte so geschehen, dass man sich in die Mentalität und Situation eines Schülers der betr. Klasse hineinversetzt und möglichst unter vergleichbaren Bedingungen arbeitet, wie sie in der Prüfungssituation herrschen, vor allem hinsichtlich der verfügbaren Zeit und der Hilfsmittel. Erfahrene Lehrkräfte können z. B. von ihrer eigenen Arbeitszeit auf die von den Schülern benötigte schließen.

Beim Ausarbeiten der Musterlösung entdeckt man am ehesten noch Ungereimtheiten, ungewollte Schwierigkeiten und Missverständlichkeiten. Auch wird die für die Punkte- oder Fehlerzuweisung unerlässliche Aufgliederung in Teilschritte sehr viel präziser, wenn man den Lösungsweg in der Musterlösung vorher selbst geht. Die Zielvorstellungen, die man in der Musterlösung ganz konkret fasst, können den Schülern transparent gemacht werden und bringen ein erhöhtes Maß an Rationalität in die Nachbesprechung.

Es kann auch Sinn machen, Musterlösungen für mündliche Prüfungsfragen bereit zu halten und Musteraufsätze zu fertigen. Selbst wenn sich später vielleicht Schülerarbeiten finden, die man als Vorbilder herausstellen kann, so dienen sie doch mindestens der Präzisierung der eigenen Zielvorstellungen im Vorfeld der Prüfung.

4.7 Planung der Prüfungssituation

Einige Überlegungen sollten auch der Organisation der Prüfungssituation gelten:

- Wie lange soll die Prüfung dauern? Über die entsprechenden Festlegungen der Schulordnungen hinaus sollte auch die Ermüdungsgrenze beachtet werden. Wann sie erreicht wird, dafür geben die Entwicklungspsychologie und die Konzentrationsforschung einige Anhaltspunkte. Bei Grundschülern kann man mit ca. 15 bis 20 Minuten konzentrierter Arbeit rechnen, bei älteren Schülern mit ca. 30 bis 45 Minuten.

- Auch hier gilt der Grundsatz der Proportionalität: Die Prüfungszeit sollte in etwa dem Zeitrahmen entsprechen, der im Unterricht für Aufgaben der verwendeten Art vorgesehen war. Wenn Übungen in hohem Maße in Hausaufgaben ausgelagert werden, führt das dazu, dass nicht hinreichend bekannt ist, wie lange Schüler zusammenhängend und konzentriert arbeiten können.

- Wie rasch soll das Arbeitstempo sein? In keinem Fall sollte es in der Prüfung höher sein als im Unterricht.

- Als Hilfsmittel sollten in der Prüfung genau jene zugelassen sein, die auch im Unterricht verwendet wurden. Müssen Schüler ohne Hilfsmittel auskommen, so sollten sie sich zumindest während der letzten Unterrichtsstunden schon auf diese Situation eingestellt haben.

- Mindestens für Anfänger und junge Lehrer ist es eine Überlegung wert, wie die Eröffnung und der Beschluss der Prüfung gestaltet werden sollen: Will man Informationen an die gesamte Klasse geben oder nicht? Sollen die Aufgaben zunächst von allen durchgelesen und noch offene Fragen gemeinsam geklärt werden oder will man gleich beginnen? Soll das herannahende Ende der Prüfungszeit signalisiert werden? Wie wird das Einsammeln der Arbeiten geregelt? usw.

- Wie gestaltet die Lehrkraft ihre eigene Rolle während der Prüfung? Will sie z. B. ein Diktat zunächst abschnittsweise oder ganz vorlesen? In welchen Sinnphrasen soll diktiert werden? Wird am Ende alles noch einmal wiederholt, evtl. mit Pausen zum Verbessern? Wie soll die Beaufsichtigung der Schüler durchgeführt werden? Sitzt die Lehrkraft größtenteils am Pult oder schreitet sie immer wieder einmal durch die Bankreihen? Wie geht sie mit Fragen der Schüler um? Wie reagiert sie auf Unterschleif-Versuche?

Maßvolle Ritualisierungen können hier sehr hilfreich sein. Von Überlegungen dieser Art hängt im Übrigen ganz wesentlich die Durchführungsobjektivität und die (Retest)Reliabilität der Prüfung ab. Gut wäre es, wenn hier in einem Kollegium gewisse Absprachen bestünden.

Anmerkungen

1 Vgl. dazu im einzelnen RÜTTER 1982.
2 Valide sind Prüfungen bzw. einzelne Aufgaben dann, wenn sie das messen, was sie messen sollen und zu messen vorgeben, im Falle von Textaufgaben also das Verstehen komplexerer mathematischer Zusammenhänge aus dem alltäglichen Leben und nicht (jedenfalls nicht im Übermaß!) Leseverständnis.
3 Die Reliabilität bezeichnet die Zuverlässigkeit bzw. Messgenauigkeit eines Tests.
4 Unter Objektivität versteht man im Allgemeinen das Ausmaß, in dem Prüfungen oder einzelne Aufgaben (ihre Durchführung, ihre Auswertung und ihre Bewertung) unabhängig von der Person des Prüfers sind.
5 Zur Reliabilität vgl. oben Anm. 3.

5. Prüfungsergebnisse bewerten

5.1 Anlage einer Benotungsskala in Abhängigkeit von einer Bezugsnorm

Bevor wir eine Benotungsskala anlegen können, müssen wir erst einmal festlegen, was als eine gute oder schlechte Leistung gelten soll. Hier gibt es grundsätzlich drei Möglichkeiten:

- Gut ist eine Leistung, die der Durchschnittsleistung einer Gruppe entspricht oder sie übertrifft, schlecht eine solche, da dahinter zurückbleibt (*soziale Bezugsnorm*).
- Gut ist eine Leistung, die eine sachlich-fachliche Anforderung erfüllt oder über ihr liegt, schlecht eine solche, die ihr nicht gerecht wird (*kriteriale Bezugsnorm*).
- Gut ist eine Leistung, die einen Lernfortschritt des betr. Schülers oder Stabilisierung bei guten Leistungen erkennen lässt, schlecht eine solche, die einen Rückschritt oder Stagnation bei schlechten Leistungen zeigt (*individuelle Bezugsnorm*).

Die *soziale Bezugsnorm* ist besonders problematisch, weil hier Leistungsbewertungen in verschiedenen Gruppen und Schulklassen nicht vergleichbar sind: Der mittelmäßige Schüler wird in einer guten Klasse schlechter beurteilt werden als in einer schlechten. Selektionsentscheidungen, die auf Noten basieren, welche auf der Grundlage der sozialen Norm gewonnen wurden, sind somit in gewisser Hinsicht ungerecht. Darüber hinaus heizt die Anwendung der sozialen Norm leicht das Konkurrenzverhalten in der Klasse an: Um gute Noten zu erhalten, muss man besser sein als die anderen. Wenn alle gut sind, werden alle Leistungen an einem höheren Durchschnitt gemessen, d. h. es wird lediglich die Benotung strenger. Gleichwohl wird die soziale Norm in der Praxis häufig angewandt, nicht zuletzt, weil damit auffällige Notendurchschnitte in der Klasse vermieden werden. Die Noten streuen immer einigermaßen ausbalanciert nach unten und oben um die Mitte der Notenskala (3,5) herum.

Die *kriteriale Bezugsnorm* ist gerechter, ermöglicht auch bei entsprechenden Leistungen der Klasse extrem gutes oder schlechtes Ausfallen von Klassenarbeiten und lässt Raum für die Kooperation der Schüler: Wenn Mitschüler mit Unterstützung anderer ebenfalls die Anforderungen erfüllen, gibt es eben mehr gute Noten. Die Schwierigkeit liegt hier darin, die Anforderungen aus sachlich-fachlichen Gesichtspunkten zu gewinnen und sie nicht etwa willkürlich festzusetzen. Die Ableitung aus sachlich-fachlichen Gesichtspunkten kann nie eine strenge logische Deduktion sein, sondern immer nur ein interpretatives Verfahren, das oft erheblich Raum für unterschiedliche Sichtweisen lässt.

Die *individuelle Bezugsnorm* ist die einzige genuin pädagogische: Durch sie werden keine Bewertungsmaßstäbe von außen an die Schüler herangetragen – weder von der Gruppe noch von der Sache. Vielmehr wird jeder an seinen bisherigen Lernfortschritten gemessen. Hier können auch schon kleine Lernfortschritte bewertungsrelevant werden, die bei der Anwendung der sozialen oder kriterialen Norm untergehen. Z. B. kann hier ein Schüler, der statt bisher 35 Fehlern im Diktat nur noch 28 gemacht hat, eine halbwegs gute Beurteilung bekommen, während er nach den beiden anderen Bezugsnormen wahrscheinlich in beiden Fällen im Bereich der Note 6 liegen wird. Es liegt auf der Hand, dass darin enorme Chancen liegen, das Selbstkonzept und die Lernmotivation von Schülern zu stärken. Andererseits sind hier noch nicht einmal die Beurteilungen zweier Schüler vergleichbar, geschweige denn solche aus verschiedenen Gruppen. Beurteilungen, die auf der Grundlage der individuellen Norm gewonnen wurden, taugen somit nicht für Selektionsentscheidungen.

Im Allgemeinen wird man die individuelle Norm auch nicht für die Erteilung von Noten, sondern eher für Wortgutachten verwenden. Noten sollten am Besten unter Zugrundelegung der kriterialen Norm gewonnen werden.

Für die Zuteilung von Noten legen wir in den meisten Fächern eine *Punkte-Noten- oder Fehler-Noten-Skala* an, d. h. wir formulieren Regeln, auf wie viele Punkte oder Fehler es welche Note geben soll. Ausnahmen hiervon werden wir unten in den Abschnitten 5.4 und 5.5 kennenlernen.

Ausgangspunkt sollte dabei immer die Überlegung sein, wie hoch wir die Mindestkompetenz ansetzen, d. h. *was die Schüler mindestens können müssen, um aller Voraussicht nach in dem betr. Fach und auf dem betr. Gebiet erfolgreich weiterzulernen*. Dieser Mindestkompetenz ordnen wir in der Regel die Note 4 zu. Schüler, welche die Mindestkompetenz erreichen oder übertreffen, sind Lernzielerreicher, solche, welche sie nicht erreichen, Lernzielverfehler.

Nach der Festlegung der Mindestkompetenz ist noch zu entscheiden, wie innerhalb der Lernzielerreicher die Noten 1, 2, 3 und 4 sowie innerhalb der Lernzielverfehler die Noten 5 und 6 verteilt werden sollen.

Dies kann so geschehen, dass die einzelnen Notenbereiche möglichst gleichmäßig angelegt werden. Dann erhalten wir sog. *lineare Skalen*. Oder wir legen die Notenbereiche unterschiedlich breit an. Dann bekommen wir *nichtlineare Skalen*:

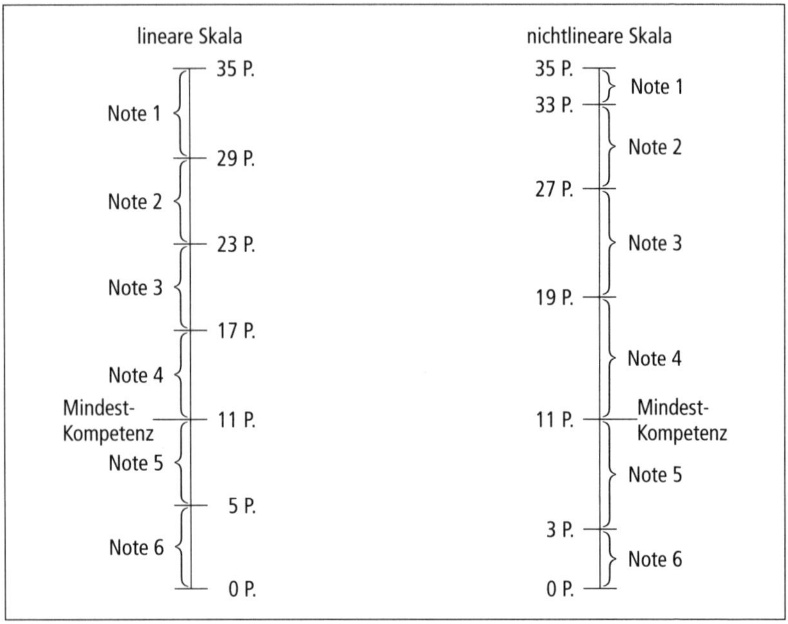

Abbildung 11: Lineare und nichtlineare Notenskalen

Eine perfekte lineare Skala kann man im Übrigen nur bilden bei maximalen Gesamtpunktzahlen, die ein um 1 vermindertes Vielfaches von 6 sind – weil ja immer auch der Fall »0 Punkte« mit bedacht werden muss, also bei 11, 17, 23, 29, 35, 41, 47, 53 etc. maximalen Gesamtpunkten.

In der Praxis sind auch *partiell lineare* Skalen sehr verbreitet, bei denen man meistens die Bereiche unterhalb und oberhalb der Mindestkompetenz gleich unterteilt:

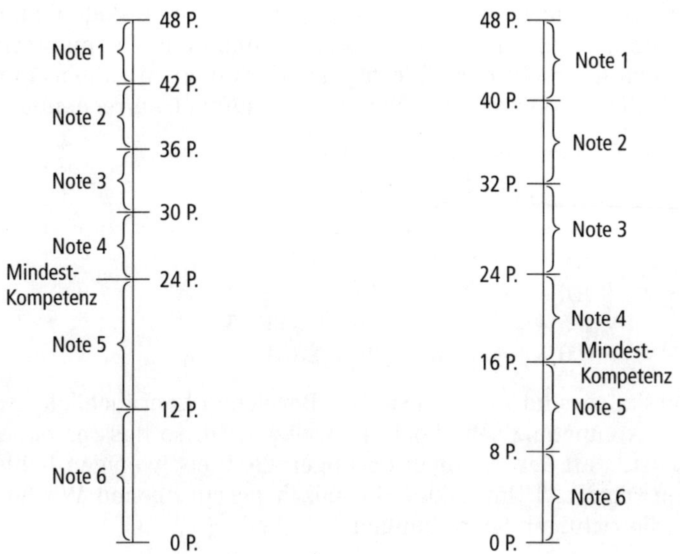

Abbildung 12: Partiell lineare Notenskalen

Im Allgemeinen ist von nichtlinearen Skalen abzuraten, weil die Einteilung der Notenbereiche leicht willkürlich vorgenommen wird und damit die Messfehler[1] für die verschiedenen Noten sehr unterschiedlich sein können. Eine Ausnahme stellt die sog. Binomialskala[2] dar.

Perfekte lineare Skalen sollten nur verwendet werden, wenn man sicher ist, dass verschiedene Prüfungen, die man danach beurteilt, immer dasselbe Anforderungsprofil aufweisen; denn die Mindestkompetenz ist hier einheitlich bei 33,33 % festgeschrieben. Am ehesten sind die Voraussetzungen für eine solche »starre« Benotungsskala in der Kollegstufe gegeben, wo durch entsprechende Vorschriften für die Anforderungsprofile von Prüfungen die Anteile an Überprüfung bloßen Faktenwissens, an Verständnis-, Anwendungs- und Transferaufgaben festgelegt sind.[3]

Wenn die Anforderungen von Prüfung zu Prüfung schwanken, weil die überprüften Inhalte unterschiedliche Lernbedeutsamkeit haben, dann sollte man am ehesten partiell lineare Skalen verwenden.

Dieselben Überlegungen gelten im Übrigen auch für *Fehlerskalen*: Diese sind ja nur logische Umkehrungen von Punkteskalen. Statt die richtigen Lösungen und die damit erreichten Punkte können wir immer auch die nicht oder falsch gelösten Aufgaben zählen. Punkte- und Fehlerskalen sind ohne weiteres ineinander umrechenbar:

Punkteskala		*Fehlerskala*	
26 – 28	P.: 1	0 – 2	F.: 1
21 – 25	P.: 2	3 – 7	F.: 2
15 – 20	P.: 3	8 – 13	F.: 3
10 – 14	P.: 4	14 – 18	F.: 4
5 – 9	P.: 5	19 – 23	F.: 5
0 – 4	P.: 6	24 – 28	F.: 6

Fehlerskalen sind in Fächern und Bereichen gebräuchlich, wo die Mindestkompetenz sehr hoch angesetzt wird, so dass es ökonomischer ist, statt der richtigen Lösungen die meist wenigen Fehler zu zählen, also z. B. im Diktat die falsch geschriebenen Wörter und nicht die richtigen Schreibungen.

5.2 Unsicherheiten der Beurteilung

Wie wir bereits oben darlegten, überprüfen wir das Wissen und Können unserer Schüler in der Regel nur anhand von Aufgabenstichproben. Wir sagten, dass wir letztlich meist nur das Prüfungskönnen der Schüler und nicht ihr Grundkönnen erfassen.[4] Wir können dieses lediglich auf der Basis des gemessenen Prüfungskönnens schätzen. Ein solche Schätzung ist natürlich immer in gewissen Grenzen ungenau, und zwar umso mehr, je kleiner die Aufgabenstichprobe ist, mit welcher wir das Prüfungskönnen erfassen, und je weniger diese einen repräsentativen Querschnitt aller eigentlich möglichen Aufgaben darstellt.

Diesen Schätzfehler – wir nennen ihn künftig Messfehler – kann man unter gewissen Bedingungen berechnen.[5] Unter schulischen Alltagsbedingungen ist er meistens beträchtlich. Schon die einfache Aussage, ob ein Schüler ein Zielerreicher oder Zielverfehler ist, kann nicht mit letzter Sicherheit gemacht werden.

Das sei an einem Beispiel veranschaulicht:

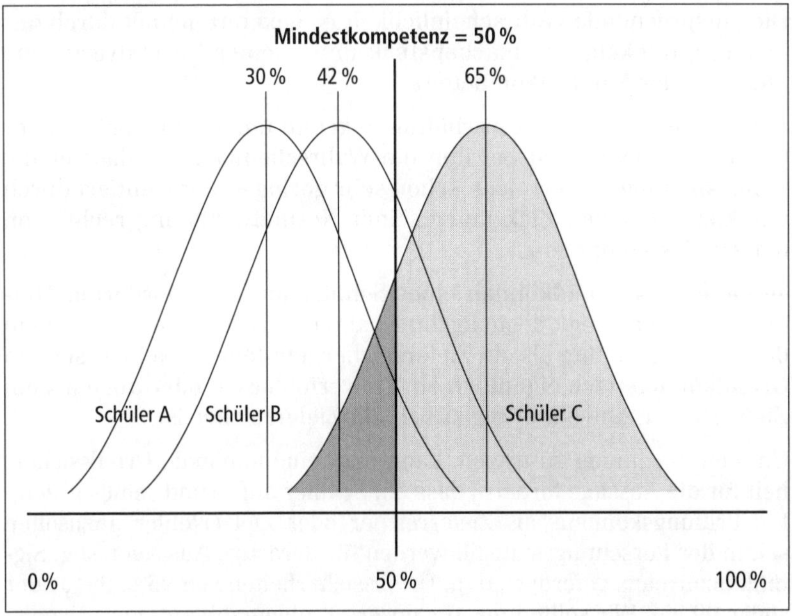

Abbildung 13: Grundkönnen und Prüfungskönnen dreier Schüler

Schüler A habe ein Grundkönnen von 30 %, d. h. wenn wir ihm alle überhaupt möglichen Aufgaben stellen und den gesamten Prüfungsstoff abprüfen könnten, würde er 30 % lösen.

Schüler B habe ein Grundkönnen von 42 % und Schüler C ein solches von 65 %.

Für die Lernzielerreichung in unserer Prüfung fordern wir, dass mindestens 50 % der Aufgaben gelöst werden. Die festgesetzte Mindestkompetenz beträgt somit 50%.

Nun streut natürlich das Prüfungskönnen, welches uns die Schüler zeigen, um ihr Grundkönnen herum: Wir können sie mit der Aufgabenstichprobe unserer Prüfung auf dem »starken« oder »schwachen« Bein erwischen. Diese Streuung wird normalerweise einer Normalverteilung folgen.

Schüler C wird mit hoher Wahrscheinlichkeit die Mindestkompetenz erreichen oder übertreffen. Dieser Bereich ist dargestellt durch das größere, hellgraue Flächenstück unter seiner Normalverteilung, welches rechts von der Mindestkompetenz liegt. Aber auch er könnte so gravierend Pech haben, dass er die Mindestkompetenz verfehlt. Die entsprechende Wahrscheinlichkeit ist gekennzeichnet durch das kleinere, dunkelgraue Flächenstück unter seiner Normalverteilung links von der Mindestkompetenz.

Bei Schüler B liegen die Verhältnisse genau umgekehrt, bei Schüler C ebenfalls, jedoch ist bei ihm die Wahrscheinlichkeit, dass er die Mindestkompetenz erreicht, schon sehr gering – repräsentiert durch das kleine Flächenstück unter seiner Normalverteilung rechts von der Mindestkompetenz.

Je näher das Grundkönnen eines Schüler an der geforderten Mindestkompetenz liegt, desto leichter kann es passieren, dass er sich in der Prüfung zufällig als ein Zielerreicher darstellt, obwohl er seinem Grundkönnen nach eigentlich ein Zielverfehler ist, oder auch als ein Zielverfehler, obwohl er eigentlich ein Zielerreicher ist.

Um dem Rechnung zu tragen, kann man eine minimale Urteilssicherheit für die Aussage fordern, dass ein Schüler auf Grund seines gezeigten Prüfungskönnens als Zielerreicher oder Zielverfehler anzusehen sei. In der Forschungsstatistik werden für derartige Aussagen sog. Signifikanzniveaus gefordert, d. h. Urteilssicherheiten von 95%, 99 % oder sogar 99,9%. Wir sollten uns für unsere Problematik mit einer Urteilssicherheit von 95 % begnügen. Wir fordern damit, dass die Einstufung eines Schülers als Zielerreicher oder Zielverfehler in mindestens 95 % aller Fälle richtig und in höchstens 5 % aller Fälle falsch ist.

Welche Prüfungsleistungen eine Einstufung mit dieser Sicherheit erlauben, lässt sich auf der Grundlage gewisser Annahmen berechnen:[6]

maximal erreichbare Gesamtpunktzahl	Mindestkompetenz für Zielerreichung	sichere Zielverfehler	Indifferenzbereich	sichere Zielerreicher
15 P	8 P	0 P – 4 P	5 P – 11 P	12 P – 15 P
25 P	15 P	0 P – 10 P	11 P – 19 P	20 P – 25 P
35 P	20 P	0 P – 15 P	16 P – 24 P	25 P – 35 P
50 P	35 P	0 P – 29 P	30 P – 40 P	41 P – 50 P
60 P	40 P	0 P – 33 P	34 P – 45 P	46 P – 60 P
80 P	50 P	0 P – 42 P	43 P – 56 P	57 P – 80 P
100 P	50 P	0 P – 41 P	42 P – 58 P	59 P – 100 P

Tabelle 1: Indifferenzbereiche unter verschiedenen Bedingungen

Im Falle einer maximal erreichbaren Gesamtpunktzahl von 15 Punkten können wir also Schüler, welche 0 bis 4 Punkte haben, mit der gewünschten Sicherheit als Zielverfehler einstufen, und solche, welche 12 oder mehr Punkte haben, als Zielerreicher. Schüler jedoch, welche 5 bis 11 Punkte haben, können nicht mit der gewünschten Sicherheit beurteilt werden, sie sind »unsichere Fälle«. Den Bereich von 5 bis 11 Punkte nennen wir *Indifferenzbereich*, weil die Fälle, die in ihm liegen, keine klare Tendenz für eine Einstufung der einen oder anderen Art aufweisen.

Wie wir aus Tabelle 1 sehen, nimmt der Indifferenzbereich jeweils einen ganz erheblichen Teil des verfügbaren Bewertungsspektrums ein, und er würde noch größer sein, wenn wir eine höhere Urteilssicherheit forderten.

Wie sollen wir nun mit Schülern verfahren, deren Leistungen im Indifferenzbereich liegen? Wir wissen von ihnen nicht hinreichend sicher, ob sie Zielerreicher oder Zielverfehler sind. Diese Unsicherheit gilt es zu beseitigen, indem wir sie einer genaueren Diagnose unterziehen, sie mit weiteren Aufgabenstellungen konfrontieren, sie einer Nachprüfung unterziehen, sie an die Tafel rufen, häufiger aufrufen usw.

Mit Messfehlern der aufgezeigten Art sind natürlich nicht nur die Einstufungen »Zielerreicher« und »Zielverfehler«, sondern auch die Zuweisungen der sechs Noten verbunden. Bei einem nicht über 50 oder 60 erreichbare Gesamtpunkte hinausgehenden Prüfungsumfang, wie er im Schulalltag normalerweise gegeben sein dürfte, sind diese Messfehler so groß, dass wir mit einer Sicherheit von 95 % überhaupt nur zwei bis drei Leistungsniveaus unterscheiden und sicher zuweisen können. D. h. wir können in der Regel nicht hinreichend sicher sagen, dass z. B. ein Schüler, der auf seine Prüfungsleistung eine Drei bekommt, nicht auf Grund seines Grundkönnens vielleicht eher eine Zwei oder eine Vier verdienen würde. Die sechs Notenstufen sind, wenn man einigermaßen sichere Aussagen machen will, schon viel zu differenziert.

Was folgt daraus für die Benotungspraxis?

Hinweise, wie man die Messfehler einer Prüfung ermitteln kann, habe ich andernorts gegeben.[7] Viel gewonnen wäre schon, wenn LehrerInnen sich bewusst würden, dass das für die Ermittlung von Zeugnisnoten verbreitete Errechnen von arithmetischen Mittelwerten aus einzelnen Noten ziemlich unsinnig ist, ganz besonders, wenn sie auch noch auf mehrere Dezimalstellen genau erfolgt.[8] Wenn wir schon benachbarte ganze Noten nicht hinreichend sicher unterscheiden können, dann ist es natürlich grober Unfug, Zehnteln und Hundertsteln noch irgendeine Bedeutung beizulegen. Die Entscheidung über die Zeugnis- und Jahresnote sollte in pädagogischer Verantwortung getroffen werden und nicht irgendeiner Mittelwerts- und Rundungsarithmetik überlassen bleiben.

Außerdem sollte man einige Regeln beachten, um die Messfehler nicht unnötig groß werden zu lassen:

- Je größer die Aufgabenzahl bzw. die Anzahl der Bewertungseinheiten ist, desto kleiner ist der Messfehler und desto größer die Sicherheit der Beurteilung. Und umgekehrt: Je kleiner die Aufgabenzahl bzw. die Anzahl der Bewertungseinheiten, desto größer der Messfehler und desto geringer die Sicherheit der Beurteilung. Die sog. Stegreifaufgaben sind unter diesen Bedingungen höchst problematisch. Allerdings sind LehrerInnen diesbezüglich meistens an recht enge schulrechtliche Vorgaben gebunden, die endlich auch einmal überarbeitet werden müssten.
Dabei ist aber auch in Rechnung zu stellen, dass wir uns mit wachsender Aufgabenzahl der Ermüdungsgrenze nähern. Wird sie überschritten, dann heben die Konsequenzen des Ermüdungseffektes den Zugewinn an statistischer Sicherheit auf. Besonders bei jüngeren Kindern kann dieser Effekt sehr schnell eintreten.

- Weil kürzere Prüfungen unsicherer zu bewerten sind, sollte man darauf achten, dass sie eher etwas leichter sind als längere. In unserer Untersuchung (Lederer 1998) ergab sich jedoch, dass Lehrer vielfach eher umgekehrt verfahren. Das bedeutet, dass Schüler nicht selten in kurzen Prüfungen schlechte Noten erhalten, die unter besonders großer Unsicherheit vergeben wurden.

- Je breiter man den Bereich für eine bestimmte Note auf einer Skala anlegt, umso sicherer, je enger, umso unsicherer kann diese Note beurteilt werden.

- Die Extremnoten 1 und 6 sind immer sicherer zu vergeben als die Noten 2 bis 5.

- Je höher die Mindestkompetenz angesetzt wird, umso unsicherer können die Noten 1 bis 4 und umso sicherer die Noten 5 und 6 vergeben werden.

5.3 Spezialfall »Diktat«

Diktate werden gewöhnlich sehr streng benotet. Wenn beispielsweise in einem Diktat, das aus 80 verschiedenen Wörtern besteht, die z. T. wiederholt vorkommen, bei mehr als 15 Fehlern schon die Note 5 gegeben wird, dann heißt das, dass für die Note 4 eine Mindestkompetenz von 81,25 % gefordert wird. In den Naturwissenschaften, in Mathematik, Geschichte oder Sozialkunde wäre so etwas völlig undenkbar.

Die Konsequenz aus dieser äußerst strengen Benotung ist, dass bei Diktaten meistens die Messfehler für die Zuteilung der Noten 2 bis 4, oft auch noch der Note 5, katastrophal groß sind:

Fehler	mit 95 % iger Sicherheit zuzuweisender Notenbereich
0	1
1 - 2	1 od. 2
3 - 6	1, 2 od. 3
7 - 9	2, 3 od. 4
10 - 11	2, 3, 4 od. 5
12 - 13	3, 4 od. 5
14 - 16	3, 4, 5 od. 6
17 - 20	4, 5 od. 6
21 - 26	5 od. 6
über 27	6

Zu Grunde liegende Benotungsskala:

0 - 3 Fehler: 1

4 - 7 Fehler: 2

8 - 11 Fehler: 3

12 - 15 Fehler: 4

16 - 20 Fehler: 5

über 20 Fehler: 6

Tabelle 2: Fehlerbereiche und sicher zuzuweisende Noten bei einem Diktat

Der durchschnittliche Messfehler (unter Aussparung der Note 6) beträgt 2,81 Notenstufen!

Wie man sieht, gibt es eine ganze Reihe von Fällen, in denen noch nicht einmal vier Notenstufen mit hinreichender Sicherheit auseinander gehalten werden können. Z. B. kann man für den Fall, dass ein Schüler 10 od. 11 Fehler macht, mit der gewünschten Sicherheit nur sagen, dass dies einer der Noten von 2 bis 5 entspricht, für den Fall, dass ein anderer 15 Fehler macht, lediglich, dass er dafür eine der Noten von 3 bis 6 erhalten sollte.

Eine Benotung macht hier offenbar kaum Sinn, da der Messfehler in einigen Fällen zwei Drittel und im Durchschnitt schon beinahe die Hälfte des gesamten Notenspektrums abdeckt!

Wie soll man damit in der Praxis umgehen?

Zunächst einmal muss man sich klar machen, wie es zu diesen katastrophal großen Messfehlern kommt, obwohl auch schon kürzere Diktate eine recht große Zahl von Rechtschreibfällen bzw. Wörtern umfassen, die hier ja gewissermaßen die Aufgaben darstellen. Nach der ersten oben formulierten Regel (vgl. 5.2) sollte daraus doch eigentlich eine Reduzierung des Messfehlers folgen.

Um die Leistungen zu unterscheiden, welche die Schüler für die Noten 1 bis 5 zu erbringen haben, stehen nach der angegebenen Benotungsskala nur die Fehlerzahlen 0 bis 20 zur Verfügung. Lediglich die Note 6 wird einem vergleichsweise riesigen Leistungsbereich zugewiesen (21 bis 80 Fehler). Damit sind für die Zuweisung der Noten 1 bis 5 aber keine wesentlich anderen Bedingungen gegeben als in einer kurzen Stegreifaufgabe mit ca. 25 erreichbaren Punkten und einer Mindestkompetenz von 10 Punkten für die Note 4. Der größte Teil der zahlreichen Aufgaben (hier: der Wörter) wird für die Note 6 »verbraucht«.

Dies wiederum resultiert aus der ungewöhnlich hohen Mindestkompetenz von mehr als 80 % richtiger Schreibungen, die schon allein für die Note 4 gefordert wird. Worin gründet diese Tradition, in Diktaten derart hohe Mindestkompetenzen zu fordern?

Sie hat zweifellos damit zu tun, dass jedes Diktat eine große Menge an Füllwörtern und trivialen Schreibungen wie z. B. »und«, »er«, »ja«, »wir«, »so«, »dort« enthält, ohne die keine vernünftigen und stilistisch brauchbaren Sätze formuliert werden können, deren richtige Schreibung aber schlicht vorausgesetzt wird, ebenso wie diejenige des geübten Grundwortschatzes. Die Anzahl der lernzielrelevanten Rechtschreibfälle, die im vorangehenden Unterricht eigens geübt wurden, ist demgegenüber meist recht klein. Normalerweise kann man z. B. kaum mehr als 10 bis 15 Dehnungen und Schärfungen in einem Diktat durchschnittlicher Länge unterbringen, ohne dass es zu sprachlichen Künsteleien kommt.

Eine erste praktische Folgerung aus dieser Überlegung ist, dass wir Fehler im lernzielrelevanten Wortschatz und solche bei Füll- und Trivialwörtern – unterscheiden und getrennt auszählen und bewerten sollten. Aus beiden Bewertungen mag dann eine Gesamtnote gebildet werden. Diese Unterscheidung gibt uns auch überhaupt erst Aufschluss darüber, wo die Probleme bestimmter Schüler liegen: Ob sie möglicherweise eher die Lernziele des vorangehenden Unterrichts nicht erreicht und insofern zusätzlichen Übungsbedarf haben oder ob sie »Altlasten« mit sich herumschleppen und ein Nachholprogramm im Grundwortschatz absolvieren sollten.

Wo es möglich ist, sollte man mindestens zwischendurch sog. Lückendiktate einschieben: Man gibt dann den Schülern einen Lückentext in die Hand, der die Füll- und Trivialwörter bereits enthält, so dass nur noch die lernzielrelevanten Wörter diktiert und in die ausgesparten Lücken geschrieben werden müssen. Weil der Schreibaufwand für die Füll- und Trivialwörter entfällt, können hier wesentlich mehr lernzielrelevante Wörter abgeprüft werden, so dass sich schon allein dadurch der Messfehler erheblich reduziert.

Hinzu kommt, dass auch die Notwendigkeit entfällt, die Mindestkompetenz für die Note 4 so hoch anzusetzen, wie dies in Diktaten normalerweise geschieht.

Für den Fall von 50 Lückenwörtern könnte dann eine Benotungsskala z. B. wie folgt aussehen:

richtige Schreibungen	mit 95 % iger Sicherheit zuzuweisender Notenbereich
48 - 50	1
43 - 47	1 od. 2
41 - 42	1, 2 od. 3
38 - 40	2 od. 3
32 - 37	2, 3 od. 4
31	3 od. 4
27 - 30	3, 4 od. 5
20 - 26	5
8 - 16	5 od. 6
0 - 7	6

44 - 50	richtig: 1
34 - 43	richtig: 2
32 - 38	richtig: 3
25 - 31	richtig: 4
12 - 24	richtig: 5
0 - 11	richtig: 6

Tabelle 3: Benotungsskala für Lückenwörter und sicher zuzuweisende Noten

Der durchschnittliche Messfehler (unter Aussparung der Note 6) beträgt 2,15 Notenstufen.

Die Fälle, dass vier Notenstufen nicht mit der gewünschten Sicherheit auseinander gehalten werden können, verschwinden völlig. Im Durchschnitt reduziert sich der Messfehler auf etwas über 2 Notenstufen – eine Größenordnung, mit der wir unter schulischen Alltagsbedingungen mehr oder weniger leben müssen.

5.4 Spezialfall »ganzheitliche Leistung«

Bisher gingen wir davon aus, dass es in der zu beurteilenden Prüfung irgendwelche abzählbaren Leistungen gibt. Diese Voraussetzung ist aber in manchen Fächern und Leistungsbereichen nicht gegeben, in denen die Schülerleistung eher ganzheitlichen Charakter hat: im Aufsatzunterricht, beim Vorlesen, beim interpretierenden Vortrag eines Liedes oder beim Spielen eines Instrumentalstücks im Musikunterricht, beim Geräteturnen, bei einer gestaltenden Produktion im Kunst- und Werkunterricht.

Bekanntlich sieht sich die Benotungspraxis dieser Bereiche und Fächer immer wieder der Kritik ausgesetzt, hier würden Noten willkürlich »aus dem Bauch heraus« vergeben. Wie aber kann man solche ganzheitlichen Leistungen gleichwohl nach rationalen Kriterien und einigermaßen objektiv bewerten?

Ganzheitliche Leistungen sind zugleich sehr komplexe Leistungen. Die anzuwendende Strategie wird also darin bestehen, diese Komplexität durch eine analytische Zerlegung zu reduzieren. Dies kann und muss in zwei Richtungen geschehen:

- Die Beurteilung der ganzheitlichen Leistung erfolgt in der Regel nach mehr als einem einzigen Kriterium. Es gilt also, die einzelnen Kriterien zu formulieren und zu präzisieren, um damit das intuitive und oft allzu subjektive Pauschalurteil zu differenzieren.

- Die ganzheitliche Leistung ist im Allgemeinen zerlegbar in Analyseeinheiten, auch wenn diese zu einer Gestalt komponiert und weit weniger unabhängig voneinander sind als bei abzählbaren Einzelleistungen.

Indem wir die verschiedenen Kriterien auf unterschiedliche Analyseeinheiten beziehen, erhalten wir eine größere Zahl von Beurteilungsfällen, die sozusagen ein Analogon zu einzelnen Aufgaben sind:

	Analyse-einheit 1	Analyse-einheit 2	Analyse-einheit 3	...	Analyse-einheit i
Kriterium 1	Beurteilungs-fall 1	Beurteilungs-fall 2	Beurteilungs-fall 3	Beurteilungs-fall ...	Beurteilungs-fall i
Kriterium 2	Beurteilungs-fall i 1	Beurteilungs-fall i 2	Beurteilungs-fall i 3	Beurteilungs-fall ...	Beurteilungs-fall ii
Kriterium 3	Beurteilungs-fall j 1	Beurteilungs-fall j 2	Beurteilungs-fall j 3	Beurteilungs-fall ...	Beurteilungs-fall ji
Kriterium 4	Beurteilungs-fall m 1	Beurteilungs-fall m 2	Beurteilungs-fall m 3	Beurteilungs-fall ...	Beurteilungs-fall mi
...	...	...	...	...	...
Kriterium n	Beurteilungs-fall n 1	Beurteilungs-fall n 2	Beurteilungs-fall n 3	...	Beurteilungs-fall ni

Tabelle 4: Schema zur Aufdifferenzierung des Gesamteindrucks von einer ganzheitlichen Leistung

Analyseeinheiten können bei Aufsätzen z. B. die Einleitung, der Schluss und die größeren Absätze des Hauptteils sein, bei einem Deckfarbenbild Vorder-, Mittel- und Hintergrund oder die wichtigsten Motive, bei einer Übung am Reck der Auf- und Abgang und die eigentliche Übung usw.

Da die Schülerleistung längst nicht in allen Fällen bei allen Analyseeinheiten gleiches Niveau hat, ist eine solche Differenzierung auch zwingend nötig, um Urteilsfehler im Sinne des Halo-Effekts zu vermeiden. Es muss allerdings darauf geachtet werden, dass man eine Einteilung findet, die auf alle Schülerarbeiten passt, damit man zu einem einheitlichen Schema mit derselben Anzahl von Analyseeinheiten gelangt.

Beurteilungskriterien können im Falle einer künstlerischen Produktion Kreativität, technische Perfektion, inhaltlicher Reichtum, Raumaufteilung, im Falle einer Übung an einem Gerät Flüssigkeit, Eleganz, Kraft und Präzision etc. sein.

Schließlich sollte man auch für jedes Kriterium die Ausprägungsgrade der Leistung definieren, die man unterscheiden will. So können wir z. B. im Fall einer künstlerischen Produktion hohe, mittlere, geringe Kreativität, hohe, ziemlich hohe, mittlere, mäßige und geringe technische Perfektion, großen, mittleren und geringen inhaltlichen Reichtum unterscheiden usw. Dabei müssen nicht für jedes Kriterium gleich viele Ausprägungsgrade definiert werden. Man sollte ihre Zahl davon abhängig machen, wie viele Leistungsniveaus man gut unterscheiden kann. Mehr als 3 oder 4 sollten es aber möglichst nicht sein, da wir ja – wie oben dargelegt[9] – unter schulischen Alltagsbedingungen kaum mehr als 2 bis 3 Niveaus verlässlich auseinander halten können.

Im Falle der Beurteilung einer Erlebniserzählung könnte sich z. B. folgendes Beurteilungsschema ergeben:

	Einleitung	**1. Hauptabschnitt**	**2. Hauptabschnitt**	**3. Hauptabschnitt**	**Schluß**
Aufbau (Logik, Spannungsbogen)	durchgängiges Kriterium! 4 Punkte (4 = gelungen; 3 = größenteils gelungen; 2 = teilweise gelungen; 1 = erhebliche Mängel; 0 = überhaupt nicht gelungen) gewichtet mit dem Faktor 2: **8 Punkte** erreichbar				
Wahrscheinkeit des Erzählten	---	**2 Punkte** (2 = wahrsch. 1 = z. T. w. 0 = unw..)	**2 Punkte** (2 = wahrsch. 1 = z. T. w. 0 = unw..)	**2 Punkte** (2 = wahrsch. 1 = z. T. w. 0 = unw..)	---
Stil	**2 Punkte** (2 = gut 1 = mittel 0 = schlecht)	**2 Punkte** (2 = gut 1 = mittel 0 = schlecht)	**2 Punkte** (2 = gut 1 = mittel 0 = schlecht)	**2 Punkte** (2 = gut 1 = mittel 0 = schlecht)	**2 Punkte** (2 = gut 1 = mittel 0 = schlecht)
Grammatik	**2 Punkte** (2 = gut 1 = mittel 0 = schlecht)	**2 Punkte** (2 = gut 1 = mittel 0 = schlecht)	**2 Punkte** (2 = gut 1 = mittel 0 = schlecht)	**2 Punkte** (2 = gut 1 = mittel 0 = schlecht)	**2 Punkte** (2 = gut 1 = mittel 0 = schlecht)
Ideenreichtum	---	**2 Punkte** (2 = groß 1 = mäßig 0 = gering)	**2 Punkte** (2 = groß 1 = mäßig 0 = gering)	**2 Punkte** (2 = groß 1 = mäßig 0 = gering)	**2 Punkte** (2 = groß 1 = mäßig 0 = gering)
Zusatzpunkte für besondere Gestaltungsleistugen	durchgängiges Kriterium! bis zu **3 Punkte** erreichbar				

Tabelle 5: Beurteilungsschema für eine Erlebniserzählung

Benotung:
37 - 42 P. 1
31 - 36 P. 2
25 - 30 P. 3
19 - 24 P. 4
11 - 18 P. 5
0 - 10 P. 6

erreichbar: 42 Punkte (plus evtl. 3 Zusatzpunkte)

Dabei kann es durchaus sein, dass einzelne Kriterien nicht auf alle Analyseeinheiten passen und dass das eine oder andere Kriterium, welches mit dem Gestaltcharakter der Leistung unlösbar verbunden ist, wie z. B. »Aufbau«, nicht auf die einzelnen Analyseeinheiten angewendet, sondern nur auf die Gesamtleistung bezogen werden kann. Im letzteren Falle muss normalerweise eine Gewichtung vorgenommen werden, damit ein solches »Totalkriterium« ausreichend zu Buche schlägt.

Schließlich ist auch zu erwägen, ob nicht ein gewisser Punkteanteil für unvorhersehbare Gestaltungsleistungen reserviert werden soll. Dies kann entweder so geschehen, dass Zusatzpunkte vergeben werden oder so, dass sich ein Teil der Gesamtpunktzahl aus einer solchen offenen Kategorie rekrutiert. Damit nehmen wir zwar wieder etwas mehr Subjektivität in Kauf. Dies scheint aber nötig, um nicht wichtige Aspekte der Schülerleistung zu übergehen. Arbeitet man ohne eine offene Kategorie, so nimmt ein Bewertungssystem wie das eben skizzierte die gewünschte Leistung schon so weit abschließend vorweg, dass die offene Aufgabenform »Aufsatz« unter der Hand zu einer halb offenen wird.

Durch die Anwendung einiger Kriterien auf einige Analyseeinheiten kommt man mühelos zu einer größeren Zahl erreichbarer Gesamtpunkte. Unter deren Zugrundelegung kann dann eine der gebräuchlichen Punkteskalen angelegt werden.

Eigentlich wäre es auch wünschenswert, die Ausprägungsgrade präzise zu beschreiben, d. h. anzugeben, wann sie als erfüllt gelten. Das könnte schon die Übungsarbeit im Vorfeld der Prüfung sehr befruchten und wird außerdem für die Nachbesprechung sehr hilfreich sein. Wegen des hohen Aufwandes wird man eine solche operationalisierte Beschreibung der Ausprägungsgrade aber wahrscheinlich nur für einzelne Kriterien vornehmen, am ehesten für jene, die zur Zeit im Mittelpunkt der unterrichtlichen Arbeit stehen.

Das Kriterium Stil z. B. könnte für eine Erlebniserzählung, wie Tabelle 6 auf der nächsten Seite zeigt, in Ausprägungsgrade aufgeschlüsselt sein.

Die Entwicklung eines differenzierten Beurteilungsschemas ist zunächst recht aufwendig, obwohl es einige sehr brauchbare Vorarbeiten in der fachdidaktischen Literatur gibt. Von dem Ergebnis kann man dann aber auch lange Zeit zehren: Zwar ändern sich natürlich einige Kriterien und infolgedessen auch Merkmale von

	Ausprägungsgrade von Stil:			
operationalisierte Subkriterien für Stil	gut	mittel	mäßig	schlecht
1. Verwendung der Erzählzeit (Imperfekt oder erzählendes Präsens) 2. Abwechslung im Ausdruck (Vermeidung von Wiederholungen) 3. Variation der Satzanfänge 4. Variation der Wortstellung in den Sätzen 5. Verwendung treffender Adjektive 6. Verwendung treffender Verben 7. kurze, übersichtliche Sätze 8. Bevorzugung des Aktivs	mindestens 6 von diesen Kriterien durchgängig erfüllt	alle Kriterien mindestens teilweise erfüllt, Kriterien 1 und 2 immer	mindestens 4 von diesen Kriterien teilweise erfüllt	weniger als 4 von diesen Kriterien teilweise erfüllt

Tabelle 6: Ausprägungsgrade von »Stil« im Erlebnisaufsatz

Ausprägungsgraden, wenn wir z. B. von der Erlebniserzählung zur Sachbeschreibung übergehen – aber doch bei weitem nicht alle. Lehrer, die ein solches System anwenden, versichern glaubhaft, dass der Aufwand nach einer gewissen Einarbeitungszeit durchaus zumutbar sei.

Gegenüber den Schülern hat ein solches Beurteilungsschema den Vorzug, dass man ihnen schon während des der Prüfung vorangehenden Unterrichts darlegen kann, worauf es bei einer guten Leistung ankommt. Auch das Gespräch mit Eltern, Kollegen und Vorgesetzen über die angewendete Benotungspraxis wird dadurch sehr viel rationaler.

Man sollte nicht alle überhaupt denkbaren Kriterien und Merkmale auf einmal anwenden. Schüler können ihre Leistungen nicht an einer Vielzahl von Kriterien zugleich orientieren, umso weniger, je jünger sie sind. Kriterien aber, die nur die Lehrkraft anwendet, ohne dass die Schüler sie vorher kennen, verstoßen letztlich gegen den Grundsatz der Fairness. Empfehlenswert ist hier ein aufbauendes Vorgehen: Man sollte zunächst nur einige besonders wichtige Kriterien einführen und erst dann, wenn diese von den Schülern internalisiert sind, zusätzliche ins Spiel bringen. Auch um einer zielstrebigen Vorbereitung im Unterricht willen ist eine solche Akzentuierung unerlässlich.

5.5 Spezialfall »mündliche Prüfung«

Die Besonderheit mündlicher Prüfungen, aus der einige spezielle Probleme resultieren, besteht in ihrem interaktiven und adaptiven Charakter:

Der interaktive Charakter mündlicher Prüfungen meint, dass hier beständig Inhalts- und Beziehungsbotschaften ausgetauscht werden. Auf jede Aktion erfolgt sofort eine Reaktion des Partners. Man kann keine »Auszeiten« nehmen. Der Kandidat erhält in der Regel sofort explizite oder implizite Rückmeldungen über die Richtigkeit und Erwünschtheit seiner Antworten. Aber auch der Prüfer ist unmittelbar mit der Leistung des Kandidaten konfrontiert und umgehend mit der nächsten Frage oder Hilfestellung am Zug. Darüber hinaus tauschen in der mündlichen Prüfung die Partner beständig Beziehungsbotschaften aus: Z. B. nonverbale Signale, die auf Hilflosigkeit, Irritation, zunehmende Sicherheit etc. des Kandidaten und auf Wohlwollen, Ärger, Enttäuschung etc. des Prüfers schließen lassen.

Dieser interaktive Charakter macht mündliche Prüfungen letztlich immer zu einmaligen Verläufen. Dass sie unter allen Prüfungen am wenigsten objektiv[10] sind, ist insofern nicht erstaunlich.

Wenn man gleichwohl an mündlichen Prüfungen festhält, dann wegen der Vorteile, die sie durchaus auch haben: Der Prüfer kann sich durch Zusatzfragen ein Stück weit Einblick in den Denkprozess des Kandidaten verschaffen, durch Modifikationen der anfänglichen Fragestellung ausloten, wie gründlich er verstanden hat, in Erfahrung bringen, ob er nicht wenigstens auf einer recht schlichten Ebene Bescheid weiß usw. Der Kandidat kann seinerseits rückfragen, wenn er ein Missverständnis befürchtet, um eine Hilfestellung bitten, sich an eine Antwort herantasten usw. Aus diesen Gründen sind mündliche Prüfungen häufig valider[11] als schriftliche – vorausgesetzt, dass ihre Chancen genutzt werden.

Der besondere Vorzug mündlicher Prüfungen besteht darin, dass sie *adaptiv* gestaltet werden können: Der Prüfer kann sich beständig dem Kandidaten und seinem Leistungsniveau anpassen. Er kann anspruchsvollere Fragen stellen, wenn er zur Überzeugung kommt, dass der Kandidat bisher unterfordert ist. Er kann durch Hinweise und Hilfen das Anforderungsniveau reduzieren oder überhaupt zu schlichteren Fragen greifen, wenn der Kandidat offensichtlich seine Leistungsgrenzen erreicht hat. Er kann behutsamer fragen, wenn er Irritation und aufkommende Blockade bei ihm wahrnimmt, oder auch beherzter und zupackender, wenn er einen zögerlichen Kandidaten dazu bewegen will, gedrängter zu sprechen und rascher voranzuschreiten.

Mündliche Prüfungen sind nicht nur häufig belastend für die Kandidaten. Sie stellen auch an die Prüfer sehr hohe Anforderungen. Diese müssen nämlich während der Prüfung beständig fünf Aufgaben zugleich bewältigen:

- Sie müssen dem Kandidaten zuhören und das, was er sagt, auf fachliche Richtigkeit beurteilen.
- Sie müssen einschätzen, ob der Kandidat seinem Leistungsniveau angemessen beansprucht oder über- oder unterfordert ist.
- Während der Kandidat noch antwortet, müssen sie sich bereits weitere Fragen überlegen, die sein bisher gezeigtes Leistungsniveau berücksichtigen.
- Sie müssen Beziehungsbotschaften des Kandidaten empfangen, interpretieren und Konsequenzen für die weitere Gestaltung der Prüfung daraus ziehen.
- Sie müssen selbst Beziehungsbotschaften senden und kontrollieren, ob diese richtig ankommen, damit es nicht zu Missverständnissen und zu unerwünschten Reaktionen des Kandidaten kommt.

Fehler, welche dem Prüfer bei diesen Aktivitäten unterlaufen, sind in aller Regel nicht mehr zu korrigieren, sonder wirken sich sofort auf den weiteren Prüfungsverlauf aus.

Hinzu kommt, dass die in einer mündlichen Prüfung gezeigten Leistungen besonders schwierig zu beurteilen sind:

- Mündliche Prüfungsleistungen sind unbeständig. Sie sind in dem Augenblick schon Erinnerung oder zusammenfassendes Protokoll, in dem sie ausgesprochen werden, und damit vielfältigen Gefahren der selektiven Verzerrung und Verfälschung ausgesetzt.

- Sie sind auch häufig nicht vergleichbar, weil den Kandidaten meistens jeweils andere Fragen gestellt werden.

- Auch der adaptive Charakter der mündlichen Prüfung, der ihr großer Vorzug ist, birgt ein Gefahrenmoment: Es kommt leicht dazu, dass an Kandidaten unterschiedlicher Leistungsfähigkeit auch unterschiedliche Maßstäbe angelegt werden. Daraus könnten schwächere Kandidaten unbillige Vorteile ziehen.

Um diese besonderen Anforderungen und Schwierigkeiten mündlicher Prüfungen zu meistern, bedarf es eines überlegten Vorgehens.

Vor allem muss versucht werden, die hohe Komplexität mündlicher Prüfungen zu reduzieren und für ein Mindestmaß an Planmäßigkeit und Vereinheitlichung zu sorgen.

Verfehlt wäre es aber, einfach nach einem vorher angelegten Fragenkatalog zu prüfen. Dann würde der Vorteil der Adaptivität preisgegeben, um dessentwillen wir ja letztlich diese Prüfungsform beibehalten. Es wäre unter diesen Umständen sicherlich ökonomischer, gleich schriftlich zu prüfen. Sinnvoll ist es aber, mindestens einen Teil der Prüfungsfragen aus einem solchen Fragenkatalog zu nehmen, wobei man sie situationsadäquat modifizieren sollte. Weitere Fragen können dann während der Prüfung »erfunden« werden. Solches *halbschriftliche Prüfen* kommt der Vergleichbarkeit der Prüfungen und damit der Objektivität[12] zugute, und es entlastet den Prüfer davon, sich alle Fragen in der Situation ausdenken zu müssen.

Es ist ratsam, innerhalb des Fragenkatalogs Gruppen mit unterschiedlichen Anforderungsniveaus zu unterscheiden und während der Prüfung jeweils eine bestimmte Anzahl von Fragen aus jeder Gruppe zu nehmen, um die Anforderungen an die verschiedenen Kandidaten vergleichbar zu halten.

Am Besten macht man sich einen groben Plan, wie viele Fragen auf welchem Niveau und aus welchen Stoffgebieten jeder Kandidat bekommen soll, damit die Chancengleichheit gewahrt bleibt.

Die *Reihenfolge*, in welcher die Fragen in einer mündlichen Prüfung gestellt werden, ist praktisch immer auch die Reihenfolge, in der sie vom Kandidaten beantwortet werden müssen. Rückstellungen werden selten erlaubt und auch kaum erbeten. Die Reihung der Fragen verdient hier also noch mehr Aufmerksamkeit als bei schriftlichen Prüfungen. Besonders die Warming-Up-Fragen am Anfang, die dem Kandidaten Selbstvertrauen geben sollen, müssen weniger geübte Prüfer sich vorher zurechtlegen. Evtl. ist auch die Reihung der Fragen, die aus dem Fragenkatalog genommen werden, vorher zu erwägen.

Auch schwachen Kandidaten darf man anspruchsvolle Fragen nicht völlig ersparen, damit die Vergleichbarkeit verschiedener Einzelprüfungen nicht gefährdet wird und eine mindere Note auch begründet werden kann. Um zu vermeiden, dass schwache Kandidaten durch solche für sie unbeantwortbare Fragen übermäßig irritiert werden und im weiteren Verlauf der Prüfung auch angemessene Fragen nicht mehr bewältigen, ist es ratsam, eine solche Dokumentation der Schwächen und Lücken eher für die Schlussphase der Prüfung aufzusparen.

Hilfestellungen, die um des adaptiven Charakters der mündlichen Prüfung willen durchaus immer wieder gegeben werden sollen, sind bei der Bewertung zu berücksichtigen.

Der Unbeständigkeit mündlicher Prüfungsleistungen kann man vermutlich nur in Ausnahmefällen durch Video- und Tonbandaufzeichnungen entgegenwirken. Es sollte aber mindestens ein stichwortartiges Protokoll über die wichtigsten Schülerantworten und die improvisierten Fragen gefertigt werden. Oft genügen auch kleine Zeichen und Abkürzungen, die man im Fragenkatalog anbringt. Die Fixierung der »erfundenen« Fragen und die inhaltliche Charakterisierung der Antworten stellt den Prüfer vor schwierige Probleme, wenn er keinen Protokollanten hat. Auch hier können Abkürzungen und Zeichen hilfreich sein. Im Übrigen ist es durchaus akzeptabel, dass gelegentlich durch das Zuendeführen einer Notiz des Prüfers eine kleine Pause entsteht, die der Kandidat zur Erholung und Sammlung nutzen kann.

In jedem Fall sollten mündliche Prüfungsleistungen möglichst unmittelbar nach der Prüfung bewertet werden, solange der Eindruck noch plastisch und detailliert ist. Da wir ohnehin für eine kriteriale Benotung plädieren, besteht auch gar kein Anlass, erst die Leistungen anderer Kandidaten abzuwarten.

Dabei ist es ratsam, ein Bewertungsschema wie z. B. das nachstehende zu verwenden, um dem Entstehen eines bloßen Gefühlseindrucks vorzubeugen:

	erreichbare Punkte	**erreichte Punkte**	**abzüglich Hilfen**	**Gesamt-punktzahl**
Faktenwissen:				
Frage 5 aus dem Katalog	1	1		1
Frage 9 aus dem Katalog	1	0		0
freie Frage	1	1		1
Verständnis:				
Frage 2 aus dem Katalog	2	2	-1	1
Frage 7 aus dem Katalog	2	1		1
freie Frage	2	0		0
Bezug auf d. Gegenwart:				
freie Frage	3	3	-1	2
Summe:	**12**	**8**	**-2**	**6**

Tabelle 7: Bewertungsschema für Abfrage zum 30-jährigen Krieg

Benotungskala: 11 - 12 P. 1
9 - 10 P. 2
7 - 8 P. 3
5 - 6 P. 4
3 - 4 P. 5
0 - 2 P. 6

Die *kommunikative Kompetenz*, welche es ermöglicht, Prüfungen sowohl auf der Inhalts- als auch auf der Beziehungsebene günstig zu gestalten, sollten LehrerInnen schon während der Ausbildung erwerben. Auch wenn das nicht oder unzureichend geschehen ist, können sie immer wieder einmal mit ihren Schülern über mündliche Prüfungen sprechen. Wenn sie sich dabei einigermaßen geschickt verhalten und sich vor allem auf das Zuhören verlegen, bieten solche Gespräche eine gute Chance, etwas über die eigene Wirkung auf Schüler in mündlichen Prüfungssituationen zu erfahren. Möglichkeiten einer Prüfungsberatung für die Schüler schließen sich häufig nahtlos an solche Gespräche an.

Es ist aber im Allgemeinen nicht empfehlenswert, solche Gespräche im Anschluss an wirkliche Prüfungssituationen zu führen. Die Atmosphäre ist dann häufig angespannt, und es kann leicht dazu kommen, dass man in Anklage- und Verteidigungspositionen gerät. Besser ist es, sich auf simulierte Prüfungen (Rollenspiele) zu beziehen.

5.6 Spezialfall »Wortgutachten«

Seit ca. 1970 wurden nach und nach in allen Bundesländern in den beiden ersten Jahrgängen der Grundschule die bis dahin gebräuchlichen Ziffernnoten durch Wortgutachten ersetzt. Damit kam eine lange Debatte über die Vor- und Nachteile von Ziffernnoten und Wortgutachten, insbesondere in der Grundschule, zu einem vorläufigen Abschluss.

Die Einführung von Wortgutachten stand und steht unter dem Anspruch, die individuelle Persönlichkeit und das individuelle Lernprofil der Schüler differenzierter darzustellen, dabei nicht nur auf die Ergebnisse, sondern auch stärker auf den Lernprozess und auf individuelle Lernfortschritte abzuheben und somit die individuelle Bezugsnorm[13] zu Grunde zu legen. Auch weiterführende Hinweise im Sinne einer Lernberatung sollten und sollen im Wortgutachten enthalten sein.

Man erhoffte sich von der Einführung der Wortgutachten eine Reduzierung des Leistungs- und Konkurrenzdrucks in den ersten Schuljahren, eine Verbesserung der Chancengleichheit, eine Verstärkung der Kontakte zwischen Elternhaus und Schule und eine heilsame Nötigung der Lehrkräfte zur genaueren Beobachtung der Schüler.

Inzwischen liegen einige *Forschungsergebnisse* über die Praxis der Wortbegutachtung in der Grundschule vor, die teilweise ernüchternd, teilweise aber auch ermutigend sind:

Wortgutachten haben mindestens dieselben Mängel hinsichtlich der Objektivität, Reliabilität und Validität[14] wie Ziffernnoten. Es war natürlich zu erwarten, dass die bloße »Änderung der Mitteilungsform« des Diagnoseergebnisses nicht die Qualität des diagnostischen Prozesses verbessern würde (INGENKAMP 1987, S. 60).

Die Grundschullehrer machen sich im im Allgemeinen viel Mühe mit den Wortgutachten: Der Umfang beträgt zwischen 100 und 150 Wörtern (SCHMACK 1979; R. SCHWARZER 1980; DÖRING 1994; ULBRICHT 1993). Allerdings sind teilweise weit verbreitete Wortlisten in Gebrauch, was nicht selten zu einer stereotypen Ausdrucksweise führt, die im Widerspruch zu einer individuellen Beurteilung steht. Nach wie vor werden überwiegend Lernergebnisse beschrieben, seltener Lernprozesse. Auch weiterführende und beratende Hinweise finden sich nicht allzu oft. Der Leistungsstand der Schüler wird im Allgemeinen weitaus ausführlicher dargestellt als ihr Lern- und Sozialverhalten. Dabei wird auf Deutsch, Mathematik und Sachunterricht ausführlicher eingegangen als auf die Fächer des musischen Bereichs. Eine überwiegende Zugrundelegung der individuellen Bezugsnorm konnte nicht nachgewiesen werden (R. SCHWARZER 1980; SCHMIDT 1981; SCHEERER und SCHMIED 1985; BENNER und RAMSEGER 1985). Aber auch die soziale Bezugsnorm[15] wird nur sehr selten verwendet. Im Allgemeinen beziehen sich die Gutachten auf Lehrplanvorgaben, sind also der curricularen bzw. der kriterialen Norm verpflichtet (ULBRICHT 1993).

Von den Eltern werden die Wortgutachten mehrheitlich positiv aufgenommen. Die anfangs starke Minderheit, die sich doch lieber ein Zeugnis mit Noten wünschte, ist im Laufe der Zeit sehr geschrumpft. ULBRICHT 1993 (S. 108) fand nur noch 6,1 %. Etwas mehr als die Hälfte der Eltern könnten sich zumindest bis zur dritten Klasse ziffernnotenfreie Zeugnisse vorstellen (ROLFF 1990, S. 42; R. SCHWARZER 1980). Teilweise zeigte sich in Untersuchungen, dass viele Eltern die

Wortgutachten in Noten übersetzen und eigentlich am liebsten Ziffernzeugnisse mit Kommentaren hätten (SCHMIDT 1981; SCHMIDT 1987; R. SCHWARZER 1980).

Ob Wortgutachten für Eltern oder gar für Schüler wirklich verständlich sind, ist umstritten (SCHMIDT 1987; SCHEERER und SCHMIED 1985). Zumindest schwächere Schüler und Eltern, die wenig Kontakt zur Schule halten, überschätzen leicht einzelne positive Aussagen in den Gutachten (THOMAS 1987). In diesem Zusammenhang ist auch auffällig, dass nahezu alle Eltern mit den Wortzeugnissen ihrer Kinder zufrieden sind (SCHMIDT 1981, S. 486 ff).

Der Leistungsdruck in den beiden ersten Grundschuljahren scheint jedoch durch die Einführung der Wortgutachten tatsächlich vermindert worden zu sein. Auch ein genaueres Beobachten der Schüler durch die Lehrerinnen konnte nachgewiesen werden. Das Zurückdrängen von Konkurrenz und die Förderung von Kooperation ist weniger gelungen. Ohne flankierende unterrichtliche und erzieherische Maßnahmen können hier Wortgutachten allein offensichtlich wenig bewirken.

Eigentlich war und ist es natürlich zu billig, den Grundschullehrerinnen per Verordnung Wortgutachten abzuverlangen, ohne sie dafür zu qualifizieren und die schulorganisatorischen und materiellen Voraussetzungen für eine gründliche Beobachtung und Lerndiagnose der Schüler zu schaffen. Mindestens vier *gravierende Probleme* stehen einer zufrieden stellenden Praxis der Begutachtung im Wege:

Wenn eine stärkere Wahrnehmung der Schüler als Individuen intendiert ist, so müssen natürlich hinreichend Möglichkeiten bestehen, den Unterricht so zu gestalten, dass Individuelles sich zeigen und beobachtet werden kann. »Zeugnistypen entsprechen Unterrichtstypen.« (HAUßER 1991, S. 358) Dazu müsste eine viel stärkere Abkehr von dem immer noch weithin praktizierten Frontalunterricht erfolgen. Dem stehen allerdings die Klassengrößen und die mangelnde Ausstattung mit individualisierenden und differenzierenden Lernmaterialien entgegen.

Lehrer sind und werden kaum geschult in professionellen Beobachtungstechniken. Die freie und globale Beobachtung, die im Allgemeinen praktiziert wird, trägt nicht weit genug. Selbst das Auseinanderhalten des Beobachtens, Beschreibens und Bewertens muss eigens gelernt werden. Und schließlich verfügen Lehrerinnen über keine differenzierte professionelle Sprache für die Beobachtung und Diagnose, wie sie z. B. Psychologen haben und in der Ausbildung erlernen.

Die Beobachtungs- und Diagnoseergebnisse allgemein verständlich für Eltern oder gar Schüler darzustellen, ist noch einmal eine besondere sprachliche Herausforderung, auf die in der Ausbildung kaum vorbereitet wird.

Wahrscheinlich fehlen vielen Lehrerinnen sogar die geistigen Ordnungskonzepte für einzelne Beobachtungen und diagnostische Befunde. Sie verfügen weithin nicht über hinreichend elaborierte Theorien, die sie auf Wesentliches hinlenken, die Systematisierung von Einzelbefunden unterstützen und eine stimmige Interpretation ermöglichen.

Die im Folgenden gegebenen Vorschläge für die Vorbereitung und Erstellung von Wortgutachten können diese Ausbildungs- und Organisationsdefizite nicht kompensieren und werden deshalb vermutlich nur begrenzt hilfreich sein:

Wie immer bei der Leistungsbeurteilung sind wir auch im Falle von Wortgutachten genötigt, unsere Aussagen auf Stichproben zu beziehen, hier auf solche aus den vielfältigen Beobachtungsdaten und diagnostischen Befunden, die wir eigentlich sammeln könnten und müssten. Das beobachtete Verhalten der Schüler wird immer nur eine Stichprobe ihres Verhaltensrepertoires sein. Damit diese Stichprobe nicht allzu zufällig bleibt, müssen die Schüler nach einem festen Zeitplan und etwa gleich häufig und intensiv beobachtet werden. Außerdem sollten wir sicherstellen, dass wir sie jeweils in vorher definierten Standardsituationen beoachten.

Für das Sozialverhalten z. B. habe ich andernorts (Sacher 1996, S. 164) folgende Standardsituationen vorgeschlagen:

- Schulweg
- Zeit vor dem Unterrichtsbeginn
- Pausen
- kooperative Situationen
- Konkurrenz- und Wettbewerbssituationen
- Konfliktsituationen
- Feste und Feiern
- Unterrichtsgänge
- Wanderungen und Ausflüge

Für Mathematikleistungen könnte man folgende Standardsituationen vorsehen (Sacher 1996, S. 164):

- freies Kopfrechnen
- Rechnen mit Unterstützung durch Anschauungsmaterial
- Rechnen mit Unterstützung durch grafische Darstellungen
- halbschriftliches Rechnen
- schriftliches Rechnen
- Rechnen in Sachzusammenhängen
- Bewältigung geübter Aufgaben
- Lösung neuartiger Aufgaben

Der Erstellung des Gutachtens und letztlich auch schon dem Sammeln von Beobachtungsdaten und von diagnostischen Befunden sollte ein Plan zu Grunde liegen. Es ist eine Reihe von Gesichtspunkten festzulegen, die in jedem Gutachten angesprochen werden. In einem Gutachten Charakterisierungen eines Schülers vorzunehmen, zu denen sich im Gutachten über einen anderen Schüler schlichtweg nichts findet, ist möglichst zu vermeiden.

Für die Beschreibung der Fortschritte im Leselernprozess könnten solche Gesichtspunkte sein:

- Lesetempo
- Sinnerfassung
- Artikulation und Betonung
- dies alles jeweils bei bekannten und unbekannten Texten

Der Verzicht auf Ziffernnoten impliziert nicht den Verzicht auf die Präzision der Aussagen. Vor allem sind überschneidungsfreie Begriffe zur Charakterisierung der Schüler und ihrer Leistungen zu verwenden, und es sollte Regeln geben, nach welchen sie zugewiesen werden.

Vielleicht lässt sich diese Problematik an zwei Beispielen verdeutlichen:

Auszug aus einem Wortgutachten über Manuela:

»Manuela erfreute in der Schule durch Ausgeglichenheit und Hilfsbereitschaft. Im Unterricht bewies sie große Lernbereitschaft, Ausdauer und aktive mündliche Mitarbeit. Jede Aufgabe wurde still und bis zum Ende konzentriert durchgeführt. Die sorgfältige Darstellungsweise aller schriftlichen Aufgaben sowie das flotte Arbeitstempo verdienen ein besonderes Lob.«

Auszug aus einem Wortgutachten über Corinna:

»Corinna wusste sich im Kreise ihrer Freunde friedvoll durchzusetzen und gefiel durch ihr freundliches und hilfsbereites Wesen. Sie war weiterhin ehrgeizig darum bemüht, aufmerksam am Unterricht teilzunehmen und brachte in mündlichen Phasen jetzt viel öfter eigene Beiträge ein. Schriftliche Aufgaben erledigte das Mädchen nach Kräften selbstständig in sauberer äußerer Form. Ein zügigeres Arbeitstempo wäre bisweilen noch anzustreben.«

Die beiden Mädchen besuchten dieselbe Klasse. Beide Gutachten wurden demnach von derselben Lehrerin erstellt. Hinsichtlich der verwendeten charakterisierenden Begriffe ergeben sich u. a. die folgenden Fragen:

- Wie verhält sich »Ausgeglichenheit« zu »Freundlichkeit«?
- Wann vergibt die Lehrerin das Prädikat »ausgeglichen«, wann das Prädikat »freundlich«?
- Wie unterscheiden sich »sorgfältige« und »saubere« Darstellung? Sind diese Charakterisierungen gleichbedeutend, oder bezeichnet einer der beiden Begriffe eine positivere Einschätzung?
- Ist ein »flottes« Arbeitstempo ein rascheres als ein »zügiges«? Oder sind beide Begriffe Synonyma?

Aber führt das Anliegen präziser und überschneidungsfreier charakterisierender Begriffe, die nach klaren Regeln zugeteilt werden, nicht notwendigerweise zu den verpönten Wortlisten und über diese zu mehr oder weniger stereotypen Gutachten?

Man wird sich in diesem Sinne sicherlich nur um einen Kernbestand besonders wichtiger Begriffe bemühen. Andere Eigenheiten der Schüler können durchaus in freierer Formulierung dargestellt werden, so wie um die zentralen Gesichtspunkte herum, auf welche jedes Gutachten eingehen sollte, individuelle Besonderheiten der Schüler nach Bedarf angesprochen werden können. Insoweit bleibt genug Spielraum für die Würdigung der Schülerindividualität. Sicherlich aber ist es nicht Sinn von Wortgutachten, sie möglichst unvergleichbar zu gestalten. Das liefe letztlich auf ein Verwirrspiel für Schüler und Eltern hinaus.

Vermieden werden sollte die adjektivische Beschreibung des Lern- und Sozialverhaltens und die Abfassung des Gutachtens im Präsens. Eine in diesem Sinne unglückliche Charakterisierung ist z. B.: »Max ist ein aufmerksamer und leistungswilliger Schüler.« Sie impliziert die Gefahr, dem Schüler stabile Eigenschaften zu attribuieren. Beschreibungen, die ein Verhalten in konkreten Situationen angeben und im Imperfekt verfasst sind, beugen dem zumindest ein Stück weit vor.[16] Ein gelungenes Beispiel dafür ist: »Maria konnte bekannte Texte in der morgendlichen Leserunde flüssig lesen.«

Ein besonderes Problem ist die Verständlichkeit der Gutachten für Eltern und Schüler. Man sollte deshalb Fachtermini vermeiden und eine schlichte Sprache verwenden. Letztlich gibt es aber keine sprachlichen Merkmale, welche die Verständlichkeit eines Gutachtens für Eltern und Schüler sicher gewährleisten. Ergänzend sollte man mit Schülern und Eltern das Lesen und Interpretieren von Gutachten üben, am Besten an anonymen Beispielen derselben Lehrkraft aus anderen Klassen. Noch besser wäre es, wenn die Gutachten zum Gesprächsanlass für Elternsprechstunden genommen würden. Ein Übriges für das richtige Verständnis kann man tun, indem man sowohl Hinweise und Rückmeldungen für die Schüler während des weiteren Unterrichts als auch mündliche oder schriftliche Mitteilungen an die Eltern immer wieder auf Aussagen in den Gutachten bezieht und damit deren Aussageintention nachträglich verdeutlicht.

Anmerkungen

1 Vgl. dazu im Einzelnen unten 5.2.
2 Im Einzelnen vgl. dazu Sacher 1996, S. 97 ff.
3 Vgl. dazu die sog. »Normenbücher« zur Vereinheitlichung der Abiturprüfung, wie sie die KMK seit 1975 herausgab.
4 Vgl. oben 4.1.
5 Vgl. dazu im Einzelnen Sacher 1996, S. 90 ff.
6 Vgl. dazu im Einzelnen Sacher 1996, S. 90 ff.
7 Vgl. dazu im Einzelnen Sacher 1996, S. 90 ff.
8 Sie ist im Übrigen sogar mathematisch unzulässig: Vgl. Sacher 1996, S. 22.
9 Vgl. oben 5.2.
10 Zum Begriff der Objektivität vgl. oben Anm. 4 zu Kapitel 4.
11 Zum Begriff der Validität vgl. oben Anm. 2 zu Kapitel 4.
12 Zum Begriff der Objektivität vgl. oben Anm. 4 zu Kapitel 4.
13 Vgl. oben 5.1.
14 Zu den Testgütekriterien der Objektivität, Reliabilität und Validität vgl. oben Amm. 2, 3, 4 zu Kapitel 4.
15 Vgl. dazu oben 5.1.
16 Vgl. dazu Elbing/Buschmann 1985, S. 36.

6. Aufgaben und Prüfungen analysieren

6.1 Wozu Aufgaben- und Prüfungsanalyse?

In Prüfungen stehen nicht nur die Schüler auf dem Prüfstand – ihr Fleiß, ihre Aufmerksamkeit, ihr Auffassungsvermögen im vorangehenden Unterricht und in der häuslichen Vorbereitung –, sondern immer auch die Prüfer selbst: Es zeigt sich, ob ihr Unterricht erfolgreich und die Prüfung sinnvoll angelegt war. Die verbreitete Praxis, schlechte Prüfungsergebnisse immer nur den Schülern anzulasten, häufig auch noch in einer moralisierenden Weise, trägt dem nicht Rechnung.

In diesem Kapitel sollen Fragestellungen und Verfahren beschrieben werden, die Rückschlüsse auf die Qualität der Prüfung und ihrer einzelnen Aufgaben erlauben. Wenn es in der Schulpraxis immer wieder vorkommt, dass sich im Nachhinein Aufgaben als nicht glücklich formuliert oder auch ganze Prüfungen als nicht gut angelegt erweisen, dann darf dies nicht vorschnell auf mangelnde Professionalität der Lehrkräfte zurückgeführt werden: Unter schulischen Alltagsbedingungen besteht ja nicht die Möglichkeit, Aufgaben in einer Art Testvorlauf auszutesten, bevor man sie im Ernstfall verwendet. Es ist also keineswegs erstaunlich, dass unter solchen Voraussetzungen immer wieder einmal die Formulierung einzelner Aufgaben oder auch die Konstruktion ganzer Prüfungen misslingt. Umso mehr aber sollte man nach der Durchführung einer Prüfung selbstkritisch Rückschau halten, besonders dann, wenn Prüfungsergebnisse unerwartet ausfallen.

Aber kommt eine Analyse der Aufgaben oder der gesamten Prüfung, die ja nur im Nachhinein vorgenommen werden kann, nicht zu spät – sozusagen, nachdem das Kind bereits in den Brunnen gefallen ist, sprich: die Schüler möglicherweise auf Grund ungeeigneter Aufgaben oder einer insgesamt ungeschickten Prüfung schon schlechte Noten bekommen haben?

Zum einen sollte häufiger von der Möglichkeit Gebrauch gemacht werden, eine misslungene Prüfung zu wiederholen. Eine solche Wiederholung ist keineswegs Ausdruck von Unsicherheit und mangelnder Professionalität der Lehrkraft. Sie kann auch selbstkritische Einstellung und Verantwortungsgefühl dokumentieren.

Einzelne misslungene Aufgaben können durchaus auch im Nachhinein aus der Bewertung genommen werden. Aus rechtlichen Gründen sollte man dabei aber jenen Schülern, die Punkte damit erzielten, diese Punkte als Sonderpunkte auch weiterhin anrechnen.

Die zentrale Bedeutung der Prüfungs- und Aufgabenanalyse liegt darin, dass sie

- Ansatzpunkte für unterrichtliche Maßnahmen aufzeigt, die im Anschluss an die Prüfung zu ergreifen sind
- hilft, ein Gespür für die Angemessenheit von Aufgaben und Prüfungen zu entwickeln
- zu einem Repertoire bewährter Aufgaben führt, aus dem man künftige Prüfungen bestreiten kann – auch wenn es keine völlige Sicherheit gibt, dass bewährte Aufgaben sich in anderen Klasse wiederum bewähren.

Wir werden im Folgenden quantitative Verfahren zur Aufgabenanalyse vorstellen.

Dass Prüfungen nicht nur quantitativ, sondern auch qualitativ analysiert werden sollten, versteht sich von selbst. Vor allem eine genaue Untersuchung der in den Schülerarbeiten zu Tage tretenden Vorkenntnisdefizite sollte unbedingt durchgeführt werden. Auch die Unterscheidung und Erfassung verschiedener Fehlerarten ist zu empfehlen, mindestens die von

- Flüchtigkeits- und Leichtsinnsfehlern
- Missverständnissen und Verwechslungen
- Wissensfehlern
- Verständnisfehlern

Wenn sich Fehler der ersten beiden Arten in der Klasse häufen, liegt der Verdacht nahe, dass die Prüfungszeit entweder zu knapp bemessen war, so dass die Schüler sehr hastig arbeiten mussten, oder dass die Prüfung einfach zu lang war, so dass sich Ermüdung einstellte und die Konzentration nachließ. Wie diese beiden alternativen Erklärungen zur Entscheidung gebracht werden können, darauf werden wir unten (vgl. 6.3.3 und 6.3.4) eingehen.

Bei Fehlern der dritten und vierten Art sollte man klären, ob die Ausfälle im aktuellen Stoff liegen oder ob es sich um Vorkenntnisdefizite handelt, die behoben werden müssten.

Wenn sich Fehler bei einer bestimmten Aufgabe oder an einer bestimmten Stelle häufen, liegt die Ursache wahrscheinlich mehr im Unterricht als bei den Schülern.

6.2 Analyse einzelner Aufgaben

6.2.1 Schwierigkeit

Wir haben oben (vgl. 4.5) Gründe angeführt, die dagegen sprechen, bei der Punktezuweisung Gewichtungen nach der Schwierigkeit vorzunehmen und überhaupt Schwierigkeit als zentrales Konstruktionskriterium für Prüfungen anzusehen. Stattdessen sollten Überlegungen zur Lernbedeutsamkeit einzelner Aufgaben und ihrer Inhalte im Mittelpunkt unserer Überlegungen stehen. Gleichwohl müssen wir natürlich darauf achten, dass Schüler nicht durch unangemessene Schwierigkeiten überfordert werden.

Die Vorstellung einer sog. Apriori-Schwierigkeit, die man einer Aufgabe unmittelbar ansehen kann, noch bevor man sie Schülern in einer Prüfung stellt, ist höchst problematisch. Wir empfehlen, den empirischen Schwierigkeitsbegriff der Testpsychologie zu Grunde zu legen: Diesem zufolge gelten Aufgaben als schwierig, die nur wenige Schüler zu lösen vermochten, und als leicht solche, die viele bewältigten (LIENERT / RATZ 1998, S. 73 ff).

Man kann nach solchen Überlegungen einen Schwierigkeits-Index errechnen:

(1a) $$S = \frac{\sum P_{err}}{n \cdot P_{\max}} \cdot 100$$

wobei

$\sum P_{err}$ = Summe der Punkte, welche alle Schüler (also die gesamte Klasse) bei der betr. Aufgabe erzielten

P_{max} = maximale Anzahl der Punkte, die bei der betr. Aufgabe erzielt werden konnte

n = Anzahl der Schüler in der Klasse

Bei Fehlerbewertung gilt analog (falls die maximale Fehlerzahl F_{max}, die gemacht werden kann, bekannt ist):

(1b) $$S = \left(1 - \frac{\sum F_{erz}}{n \cdot F_{max}}\right) \cdot 100$$

Der Schwierigkeits-Index S gibt an, welcher Prozentsatz der von der Klasse erreichbaren Punkte bei einer Aufgabe tatsächlich erzielt wurde. Somit ist er eigentlich ein Leichtigkeits-Index: Je größer S, umso mehr Schüler haben die Aufgabe gelöst, und je kleiner S, umso weniger kamen damit zurecht.

Nehmen wir an, bei einer Aufgabe konnten maximal 3 Punkte erzielt werden. In einer Klasse mit 30 Schülern ist dann $P_{max} = 3 \cdot 30 = 90$.

Sie sei aber nur von 7 Schülern ganz oder z. T. gelöst worden, und zwar haben 4 sie ganz gelöst, also jeweils 3 Punkte erzielt, 2 weitere haben 1 Punkt und ein dritter habe 2 Punkte erzielt.

Für *S* rechnen wir dann:

$$S = \frac{4 \cdot 3 + 2 \cdot 1 + 2}{90} \cdot 100 = \frac{16}{90} \cdot 100 = 17{,}78$$

Bedenklich sind vor allem Aufgaben mit sehr hoher Schwierigkeit ($S \leq 20$ oder gar $S \leq 10$). Die Aufgabe in unserem Beispiel war nach diesen Konventionen eher schon zu schwierig.

Z. T. ist es auch üblich, Aufgaben von sehr geringer Schwierigkeit ($S \geq 80$ oder $S \geq 90$) als untauglich anzusehen. Wenn wir unserer Bewertung die kriteriale Norm[1] zu Grunde legen, können solche Bedenken jedoch entfallen. Warum sollte es ein Mangel sein, wenn sehr viele oder gar alle Schüler die Anforderung erfüllen, die wir mit entsprechenden Aufgaben messen?

Lehrer scheinen im Allgemeinen solchen Überlegungen intuitiv Rechnung zu tragen: In unserer Nürnberger Untersuchung fanden wir nur 3,6 % Aufgaben mit einem Schwierigkeits-Index von 20 oder kleiner, aber 32,9 % Aufgaben mit einem solchen von 80 oder größer. Der Befund wird aber brisanter, wenn wir eine inferenzstatistische Überlegung ins Spiel bringen: Die Aufgaben wurden ja nur an einer (sehr) kleinen Schülerstichprobe ausprobiert. Ihre »wahre« Schwierigkeit könnte somit eine ganz andere sein. Um sie abzuschätzen, können wir einen sog. Vertrauensbereich ermitteln, in dem sie mit einer geforderten Wahrscheinlichkeit liegt. Dieser

»wahre« Wert für den Schwierigkeits-Index lag in 11,4 % aller Fälle unter 20, davon in 5,1 % sogar unter 10!

Die Untergrenze des Vertrauensbereiches für den »wahren« Wert des Schwierigkeits-Index kann man mit praktisch ausreichender Genauigkeit nach der folgenden Grafik ermitteln:

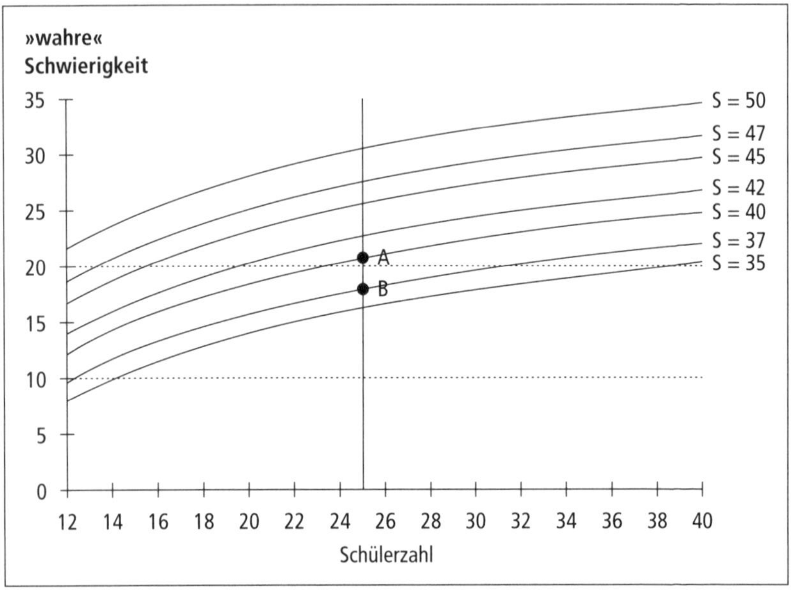

Abbildung 14: Untergrenze des 95%-Vertrauensbereiches für den »wahren« Wert des Schwierigkeits-Index[2]

Für einen errechneten Schwierigkeits-Index von S = 40 ermittelt man mit Hilfe der Grafik für eine Schülerzahl von 25 eine Untergrenze des Vertrauensbereiches bei ca. 21 (Schnittpunkt A der vertikalen Linie mit der entsprechenden Kurve). D. h. die Schwierigkeit der betr. Aufgabe ist unter den gegebenen Bedingungen eben noch akzeptabel. Für einen Schwierigkeits-Index von S = 37 hingegen gelangt man schon zu einer Untergrenze des Vertrauensbereichs bei ca. 18 (Schnittpunkt B), die bereits im Problembereich unter 20 liegt.

Man sieht im Übrigen, dass bei den üblichen Gruppen- und Klassenstärken schon ein errechneter Schwierigkeits-Index von 35 als problematisch gelten muss: Bei einer geforderten Urteilssicherheit von

95 % kann man bei Schülerzahlen unter 40 nicht ausschließen, dass die »wahre« Schwierigkeit nur bei 20 oder sogar darunter liegt.

Dem Umstand, dass bei der Konstruktion von Aufgaben und Prüfungen nicht die Schwierigkeit im Mittelpunkt unserer Überlegungen stehen sollte, sondern die Lernbedeutsamkeit,[3] können wir dadurch Rechnung tragen, dass wir darauf achten, dass die Lösungshäufigkeiten der Aufgaben ihrer Bedeutsamkeit entsprechen. *Die bedeutsamsten Aufgaben sollten am häufigsten gelöst werden, also den Schülern am leichtesten fallen. Denn hier können offensichtlich Unsicherheiten die gravierendsten Konsequenzen für den weiteren Lernprozess haben.*

Es erscheint sinnvoll, den zulässigen Bereich für den Schwierigkeits-Index S für verschiedene Niveaus der Bedeutsamkeit unterschiedlich festzulegen, z. B.

	zulässiger Bereich für S
hohe Lernbedeutsamkeit	$S \geq 50$
mittlere Lernbedeutsamkeit	$S \geq 30$
eher geringere Lernbedeutsamkeit	$S \geq 20$

Tabelle 8: Zulässige Bereiche für den Schwierigkeits-Index S

Die Lernbedeutsamkeit sollte man unbedingt vor der Durchführung der Prüfung einschätzen, sonst besteht die Gefahr, dass man allzuleicht die beobachteten Lösungshäufigkeiten als zur Bedeutsamkeit passend ansieht.

6.2.2 Trennschärfe

In der Testpsychologie definiert man als die sog. Trennschärfe einer Aufgabe ein Maß, das erfasst, in welchem Umfang die bessere Hälfte einer Probandengruppe eine Aufgabe erwartungsgemäß häufiger löst als die schlechtere Hälfte (Lienert / Ratz 1998, S. 78 ff). Eine Aufgabe wäre demnach z. B. trennscharf, wenn diejenigen Schüler einer Klasse, die in einer Mathematikprüfung insgesamt besser abgeschnitten haben, sie häufiger gelöst bzw. mehr Punkte darauf erzielt haben als die Mitschüler mit einem schlechteren Gesamtergebnis.

Das erscheint trivial. Umgekehrte Verhältnisse kann man sich zunächst kaum vorstellen: Wie sollte es möglich sein, dass gerade die Schüler mit den schlechteren Ergebnissen in einer Mathematikprüfung eine Aufgabe häufiger lösten als die besseren?

In der Praxis kommen solche Fälle gleichwohl immer wieder einmal vor: Z. B. könnte eine Textaufgabe so kompliziert formuliert sein, dass die insgesamt besseren Mathematiker, unter denen zugleich viele sprachlich schwächere Schüler sein könnten, die Fragestellung überwiegend gar nicht richtig erfasst haben. Den schwächeren Mathematikern könnte dies besser gelungen sein, wenn unter ihnen viele sprachlich gewandtere Schüler sind. Falls das der Aufgabe zu Grunde liegende mathematische Problem ein eher einfaches war, konnten sie es größtenteils auch lösen. In diesem Falle wäre dann aber für die Bewältigung der Aufgabe weniger die eigentlich zu prüfende mathematische Kompetenz als die sprachliche Kompetenz ausschlaggebend gewesen. D. h. die Aufgabe war nicht valide.[4] *Mangelnde Trennschärfe ist immer ein Indiz für geringe Validität einer Aufgabe.*

Dieser Ansatz hat den Schönheitsfehler, dass er das Vorhandensein einer »besseren« und einer »schlechteren« Hälfte unterstellt. Die Trennschärfe von Aufgaben könnte nicht ermittelt werden, wenn es einmal keine Unterschiede gäbe oder wenn alle Schüler alle Aufgaben gelöst hätten – was ja eigentlich der Wunschtraum jedes Lehrers ist.

Es erscheint sinnvoller, die Trennschärfe nach einem Vorschlag von FRICKE (1972) zu berechnen:

Man gruppiert die Klasse in Zielerreicher (Schüler, welche die Note 4 oder eine bessere erzielten) und Zielverfehler (Schüler, welche die Note 4 verfehlten, also eine 5 oder 6 bekamen). Innerhalb dieser beiden Gruppen unterscheidet man noch einmal Schüler, welche bei der betr. Aufgabe mindestens die halbe Maximalpunktzahl erreichten, und Schüler, welche unter dieser blieben.

Daraus bildet man dann eine 4-Felder-Tafel:

	erzielte Punkte bei Aufgabe i	
	halbe Punktzahl oder darüber	weniger als halbe Punktzahl
Zielerreicher	a	b
Zielverfehler	c	d

Abbildung 15: 4-Felder-Tafel zur Ermittlung der Trennschärfe einer Aufgabe

In den Feldern a und d stehen die Fälle, die unseren Erwartungen entsprechen, die konkordanten Fälle: Zielerreicher sollten auch bei einzelnen Aufgaben mindestens die halbe Punktezahl erzielen (Feld a), Zielverfehler entsprechend eher darunter liegen (Feld d).

In den Feldern b und c stehen die erwartungswidrigen, die diskordanten Fälle: Wir werden es als eher ungewöhnlich ansehen, dass Zielerreicher bei einzelnen Aufgaben weniger als die halbe Punktezahl (Feld b) oder dass Zielverfehler mehr als diese (Feld c) erzielen.

Bei Fehlerbewertung ermitteln sich die konkordanten Fälle aus der Zahl der Zielerreicher, welche unter der halben möglichen Fehlerzahl liegen oder sie allenfalls gerade erreichen (Feld a) und aus der Zahl der Zielverfehler, welche mit ihrer Fehlerzahl darüber liegen (Feld d).

Aus dieser 4-Felder-Tafel kann man nun einen Trennschärfe-Koeffizienten berechnen:[5]

(2) $$T = 2 \cdot \frac{(a + d)}{n} - 1$$

n = Gesamtzahl der Schüler in der Klasse

Bei maximaler Trennschärfe nimmt dieser Koeffizient den Wert +1 an, bei minimaler Trennschärfe (extrem widersprüchlicher Besetzung der 4 Felder) wird er -1.

Angenommen, in einer Prüfung habe es 23 Zielerreicher und 5 Zielverfehler gegeben. Bei der Aufgabe, deren Trennschärfe wir bestimmen wollen, seien maximal 4 Punkte erreichbar gewesen. Von den Zielerreichern haben 15 mindestens die Hälfte davon, also 2 Punkte, erreicht, die restlichen lagen darunter. Von den Zielverfehlern unterschritten diese Marke 3, 2 aber erreichten sie bzw. lagen sogar darüber.

Unsere 4-Felder-Tafel gestaltet sich dann folgendermaßen:

	erzielte Punkte bei Aufgabe i	
	2 oder mehr	weniger als 2
Zielerreicher (23)	15	8
Zielverfehler (5)	2	3
Schülerzahl der Klasse: n = 28		

Abbildung 16: Beispiel einer 4-Felder-Tafel zur Ermittlung der Trennschärfe

Für T errechnet sich dann:

$$T = 2 \cdot \frac{(15 + 3)}{28} - 1 = 0{,}29$$

Die Frage ist nun, ob wir mit einer solchen Trennschärfe zufrieden sein dürfen. Dazu stellen wir die konkordanten Fälle (die Felder a und d) und die diskordanten Fälle (die Felder b und c) einander gegenüber. In unserem Falle haben wir 15 + 3 = 18 konkordante Fälle und 8 + 2 = 10 diskordante Fälle.

In Tafel 1 des Anhangs können wir für n = 28 in der letzten Spalte (1-seitiger Test) ein Minimum für die überwiegenden (konkordanten) Fälle von 19 ablesen. Dieses Minimum ist in unserem Falle nicht erreicht: Wir haben nur 18 konkordante Fälle. Die Aufgabe ist nicht trennscharf, jedenfalls dann nicht, wenn wir eine Urteilssicherheit von 95 % fordern, d. h. wenn wir mit dem 5 %-Signifikanz-Niveau arbeiten.

Wir sehen aus diesem Beispiel zugleich, dass wir den Koeffizienten T nicht unbedingt berechnen müssen, um eine Aussage über die Trennschärfe einer Aufgabe zu machen. Es genügt, die konkordanten und diskordanten Fälle gegenüberzustellen und in Tabelle 1 des Anhangs nachzusehen.

Wichtig ist nun, dass der Trennschärfe-Koeffizient auch ermittelt werden kann, wenn es (was pädagogisch wünschenswert wäre!) gar keine Zielverfehler oder (was besser nicht vorkommen sollte!) keine Zielerreicher gibt. Es entfällt dann einfach das Feld d bzw. das Feld a in der Berechnungsvorschrift. Selbst wenn alle Schüler Zielerreicher sind und die volle Punktezahl bei dieser Aufgabe erzielen, bleibt die Trennschärfe berechenbar: Sie nimmt dann den Wert 1 an. Entsprechend ist auch der Vergleich der konkordanten und der diskordanten Fälle immer möglich. Gegebenfalls nehmen eben die einen oder anderen den Wert 0 an.

6.3 Analyse von Prüfungen

Nicht in allen Fällen wird es möglich und nötig sein, eine vollständige Analyse auf der Ebene der einzelnen Aufgaben vorzunehmen. Häufig wird man sich auf einige wenige Aufgaben beschränken, die bei der Korrektur auffällig waren. Vielfach wird man sich auch mit einer pauschaleren Analyse der gesamten Prüfung begnügen. Eine solche Prüfungsanalyse ist allerdings nicht nur ein Notbehelf. Wie wir gleich sehen werden, kann sie auch eine Reihe wichtiger zusätzlicher Erkenntnisse bringen.

Vor allem die folgenden Fragen sind von Bedeutung:

- War die Gesamtschwierigkeit der Prüfung angemessen?
- Erreichten die Schüler das gesteckte Lernziel mindestens in ihrer großen Mehrzahl?
- War die Arbeitszeit angemessen?
- War die Prüfung zu lang, so dass Ermüdungseffekte auftraten?
- Sind auffällige Leistungsveränderungen bei einzelnen Schülern oder in der ganzen Klasse zu beobachten?

6.3.1 Gesamtschwierigkeit

Die Gesamtschwierigkeit der Prüfung kann analog der oben angegebenen Beziehung (1a) oder (1b) für den Schwierigkeits-Index einer einzelnen Aufgabe berechnet werden als

(3a) $$S_g = \frac{\sum P_{err}}{n \cdot P_{\max}} \cdot 100$$

bzw. bei Fehlerbewertung:

(3b) $$S_g = \left(1 - \frac{\sum F_{erz}}{n \cdot F_{max}}\right) \cdot 100$$

wobei

$\sum P_{err}$	=	Summe der Punkte, welche alle Schüler (also die gesamte Klasse) in der Prüfung erzielten
P_{max}	=	maximale Anzahl der Punkte, die in der betr. Prüfung erzielt werden konnte
F_{max}	=	maximale Anzahl der Fehler, die in der betr. Prüfung gemacht werden können
n	=	Anzahl der Schüler in der Klasse

In einer Prüfung konnten 35 Punkte erzielt werden. Alle 27 Schüler der Klasse haben zusammen 567 Punkte erzielt. S_g errechnet sich dann zu:

$$S_g = \frac{567}{27 \cdot 35} \cdot 100 = 60{,}0$$

S_g gibt den im Durchschnitt erzielten Punkteanteil von der maximalen Punktezahl der Prüfung an. Im vorliegenden Beispiel haben die Schüler dieser Klasse also 60 % der überhaupt erreichbaren Punkte erzielt. Ob eine solche Gesamtschwierigkeit angemessen ist, hängt von der Bedeutsamkeit der Aufgaben ab, ist also nach den Richtzahlen von Tabelle 8 zu beurteilen. Da kaum vorstellbar ist, dass eine Prüfung überwiegend aus Aufgaben von eher geringerer Lernbedeutsamkeit besteht, sollte die Gesamtschwierigkeit möglichst nicht allzu weit unter 70 liegen. Außerdem ist bei kleiner Aufgaben- und Schülerzahl zu kontrollieren, ob die Untergrenze des sog. Vertrauensbereiches[6] in die Problemzone unter 20 hineinreicht.

Auch hier haben wir – wie oben (vgl. 6.2.1) – einen »wahren« Wert der Gesamtschwierigkeit in Rechnung zu stellen, der in einer Aufgabenstichprobe, wie sie eine Prüfung in der Regel darstellt, umso mehr verzerrt sein kann, je geringer die Anzahl der Aufgaben ist, aus denen die Prüfung besteht. Die Bestimmung der Untergrenze des Vertrauensbereiches kann man mit einer für die Praxis hinreichenden Genauigkeit mit Hilfe des nachstehenden Diagramms vornehmen:

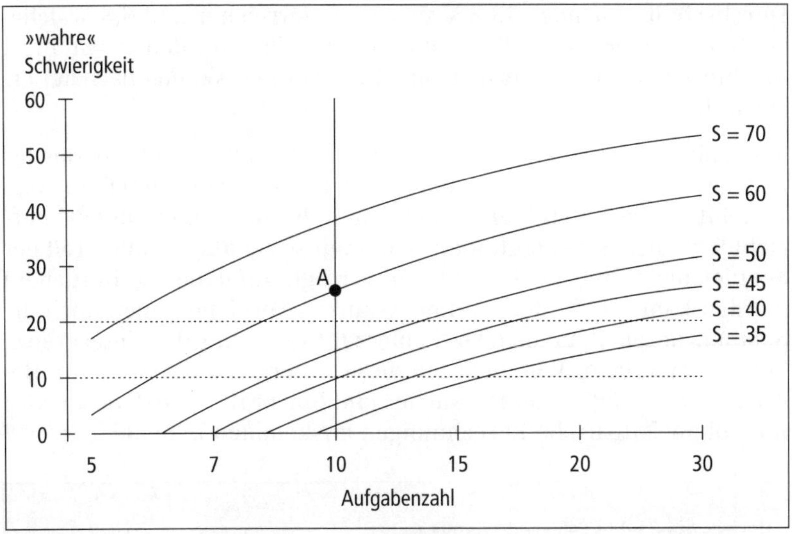

Abbildung 17: Untergrenze des 95 %-Vertrauensbereiches für den »wahren« Wert der Gesamtschwierigkeit

Als »Aufgabenzahl« sollte man jedoch nicht einfach die Gesamtpunktzahl zu Grunde legen. Damit täuscht man eine zu große Aufgabenstichprobe vor. Bei komplexeren Aufgaben allerdings kann man durchaus die Teilaufgaben zählen, aus denen sie bestehen.

In unserem Beispiel habe die Prüfung aus 10 Aufgaben bzw. Teilaufgaben bestanden. Wir erhalten dann A als Schnittpunkt mit der entsprechenden »Schwierigkeitslinie«. Diesem entspricht auf der Ordinate eine Untergrenze für die »wahre« Schwierigkeit von ca. 26, so dass die Gesamtschwierigkeit zuverlässig über dem kritischen Bereich unterhalb von 20 liegt.

6.3.2 Lernzielerreichung

In unserer Nürnberger Untersuchung (Lederer 1998) ergab sich, dass in den einbezogenen Realschulen im Durchschnitt ein Fünftel der Schüler (23,3 %) das jeweilige Lernziel nicht erreichten (Noten schlechter als 4 hatten). Das Ergebnis wird noch sehr viel prekärer, wenn wir für die Einstufung »Zielerreicher« und »Zielverfehler« eine bestimmte Urteilssicherheit (95 %) fordern:[7] Es gibt dann im

Durchschnitt nur noch 43,8 % sichere Zielerreicher und 6,8 % sichere Zielverfehler, aber 49,3 % unsichere Fälle, von denen wir nicht mit hinreichender Sicherheit sagen können, ob sie das Lernziel erreicht haben.

Man sollte also mindestens die Anzahl der Schüler ermitteln, die das Lernziel erreichten (eine 4 oder eine bessere Note erzielten) und verfehlten (die Noten 5 und 6 bekamen), bevor man mit dem Unterricht fortfährt. Sonst läuft man Gefahr, dass ein allzu großer Teil der Schüler nicht über die Grundlagen verfügt, auf denen weitergebaut werden kann. Besondere Aufmerksamkeit verdienen auch noch die Schüler, deren Punkte- oder Fehlerzahl dicht um die Untergrenze der 4 herum liegt. Wie dicht um diese Untergrenze man diesen Bereich wählt, mag Ermessenssache sein. Für praktische Zwecke wird man ohne statistische Berechnungen auskommen können:

Höchstens erlaubte Fehlerzahl für die 4: 12		
Zielerreicher (Noten 1 bis 4)	23 Schüler	
davon unsichere Fälle mit 13 und 14 Fehlern:	7 Schüler	
»sichere« Zielerreicher 23 - 7 =		16 Schüler
Zielverfehler (Noten 5 und 6):	5 Schüler	
davon unsichere Fälle mit 10 und 11 Fehlern:	2 Schüler	
»sichere« Zielverfehler 5 - 2 =		3 Schüler
Unsichere Fälle insgesamt 7 + 2 =		9 Schüler

Tabelle 9: Zielerreicher und Zielverfehler in einem Diktat (Beispiel)

Für die Zielverfehler sollten unbedingt besondere Fördermaßnahmen ergriffen werden, um sie doch noch zum Lernziel zu führen. Die unsicheren Fälle sind noch eingehender zu diagnostizieren und gegebenenfalls ebenfalls eigens zu fördern.

Um sich zu vergewissern, ob man mit dem Überwiegen der Zielerreicher zufrieden sein darf, kann man in Tabelle 1 des Anhangs einen kritischen Wert für n = 28 Schüler nachschlagen. Dieser beträgt für die 1-seitige Fragestellung 19. Wenn wir nicht zwischen sicheren und unsicheren Fällen unterscheiden, hatten wir insgesamt 23 Zielerreicher, womit dieser kritische Wert sogar überschritten ist. Wir dürfen also mit einer Urteilssicherheit von 95 % sagen, dass die Zielerreicher in unserer Prüfung überwiegen.

6.3.3 Die Bearbeitungszeit

Ziemlich oft ist die Zeit in Prüfungen knapp bemessen. Dadurch erhält die Geläufigkeit und Geschwindigkeit, mit der Aufgaben bearbeitet werden, einen ungebührlichen Stellenwert. Neben dieser Speed-Komponente der Leistung sollte aber auch die Power-Komponente ausreichend überprüft werden, d. h. die Fähigkeit der Schüler, Aufgaben bei ausreichender Zeit grundsätzlich richtig zu bearbeiten.

Zu knappe Bearbeitungszeit erkennt man u. a. daran, dass viele Schüler nicht fertig werden und dass zahlreiche Flüchtigkeitsfehler vorkommen, die sich besonders am Ende der einzelnen Schülerarbeiten häufen.

Nicht-Fertig-Werden wirkt sich in der Regel so aus, dass eine oder mehrere Aufgaben nicht vollständig bearbeitet oder gar nicht erst in Angriff genommen werden. Sind es zudem ganz unterschiedliche Aufgaben, welche die Schüler nicht fertig stellen konnten, so ist die Beweislage ziemlich eindeutig. Falls sie immer mit denselben Aufgaben nicht fertig wurden oder sie nicht angriffen, so könnten diese Aufgaben auch zu schwierig gewesen sein. Am wahrscheinlichsten ist dies dann, wenn diese Aufgaben nicht gerade die letzten auf dem Angabenblatt sind, die ja häufig auch als letzte und damit womöglich unter Zeitdruck bearbeitet werden.

Im nachstehenden Fall einer Mathematik-Schulaufgabe aus einer 9. Realschulklasse unserer Nürnberger Untersuchung (Lederer 1998) ist die Befundlage ziemlich eindeutig, wie Tabelle 10 auf der nächsten Seite zeigt.

	A 1	A 2	A 3	A 4	A 5	A 6	A 7
erreichbare Punkte	2	3	1	4	2	4	2
Inangriffnahme	100 %	100 %	100 %	100 %	100 %	62,5 %	95,8 %
Schwierigkeit	89,6 %	29,9	29,2	29,7	50,0	7,29	56,25
Bearbeitung in natürlicher Reihenfolge	95,8 %	95,8 %	87,5 %	87,5 %	83,3 %	66,7 % (26,6 % Rückstellungen, 6,7 % Vorziehungen)	43,5 (56,6 % Vorziehungen)
T	0,25	0,42*	0,50*	0,42*	0,42*	0,17	0,25
Mit * gekennzeichnete Trennschärfe-Koeffizienten sind signifikant auf dem 5 %-Niveau							

Tabelle 10: Kennwerte einer Mathematik-Schulaufgabe

Die vorletzte Aufgabe wurde von mehr als einem Drittel der Schüler gar nicht in Angriff genommen. Zugleich war sie die weitaus schwierigste und zudem eine der komplexeren (4 erreichbare Punkte). Die Inangriffnahme ist vor dieser Aufgabe lückenlos und erreicht bei der letzten Aufgabe (Nr. 7) fast wieder das alte Niveau. Bezeichnend ist auch, dass nur ca. 2/3 der Schüler die Aufgabe 6 an der natürlichen (sechsten) Position bearbeiteten, jedoch 26,6 % sie zurückstellten, während die letzte Aufgabe von mehr als der Hälfte (56,6%) vorgezogen wurde. Ganz offensichtlich war die 6. Aufgabe zu schwierig, vielleicht schreckte sie an dieser späten Stelle auch wegen ihrer hohen Komplexität ab. Viele Schüler hatten aber durchaus noch Zeit, die letzte Aufgabe zu bearbeiten. Hier war es offensichtlich mehr die Unangemessenheit der 6. Aufgabe (die im Übrigen auch nicht trennscharf ist!) und nicht Zeitnot, welche viele Schüler bewog, sie gar nicht erst zu probieren.

6.3.4 Ermüdungseffekte

Bei zu langen Prüfungen werden die Leistungen gegen Ende zu schlechter, und dies selbst dann, wenn die Bearbeitungszeit durchaus reichlich bemessen ist. Ermüdungseffekte sind daran zu erkennen, dass die meisten Schüler die meisten Aufgaben zwar in Angriff nehmen, aber gegen Ende zu immer weniger zu lösen vermögen. Sofern die vorgegebene Reihenfolge im Großen und Ganzen eingehalten wurde, ist die Befundlage am eindeutigsten, wenn gegen Ende zu auch die Trennschärfe der Aufgaben deutlich nachlässt. Es ist dann offensichtlich nicht mehr so sehr die geprüfte Fachkompetenz, sondern das Durchhaltevermögen ausschlaggebend für die Bewältigung der späteren Aufgaben. Sind auch die späteren Aufgaben trennscharf, so könnte auch der Fall vorliegen, dass die Lehrkraft unglücklicherweise besonders schwierige Aufgaben am Ende der Prüfung platziert hat.

In unserer Nürnberger Untersuchung (LEDERER 1998) fanden wir über alle Prüfungen hinweg einen deutlichen Zusammenhang zwischen der Positionierung der Aufgabe auf dem Angabenblatt und der Trennschärfe: Je weiter hinten die Aufgabe stand und je später sie deshalb vermutlich von den Schülern bearbeitet wurde, desto geringer war im Großen und Ganzen die Trennschärfe. Dieser Trend war bei kürzeren Prüfungen mit 16 bis 30 erreichbaren Punkten noch kaum ausgeprägt, wurde dann aber umso deutlicher, je länger die Prüfung war:[9]

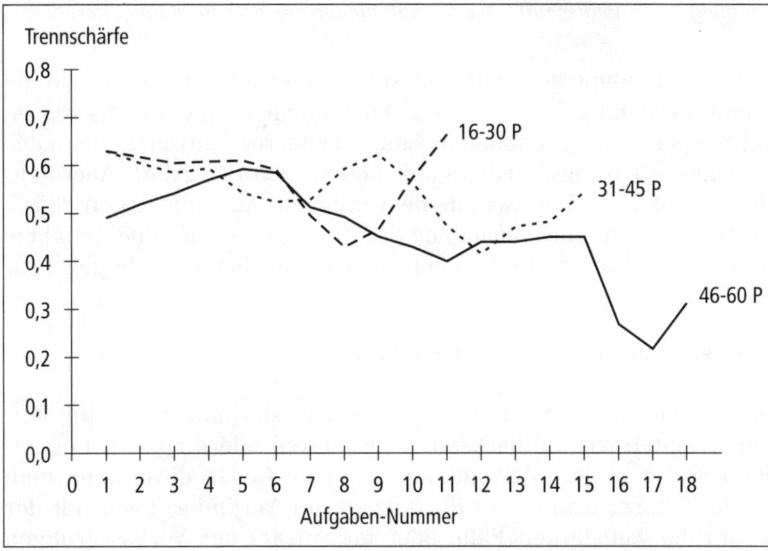

Abbildung 18: Abnehmende Trennschärfen bei späteren Aufgaben (geglättete Kurven)

Im nachstehenden Beispiel einer Schulaufgabe aus dem Rechnungswesen in einer 8. Realschulklasse können Ermüdungseffekte mit Sicherheit ausgeschlossen werden:

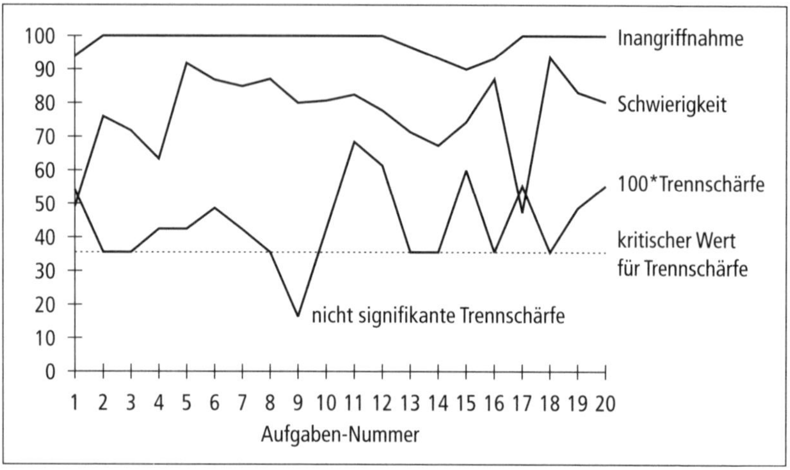

Abbildung 19: 8. Realschulklasse / Schulaufgabe aus dem Rechnungswesen

Die Inangriffnahme der Aufgaben ist bis zu den letzten hin sehr gut, im Grunde vollständig. Die Schwierigkeiten nehmen von der 5. bis zur 14. Aufgabe geringfügig zu (fallende Linie = kleinerer Schwierigkeits-Index = geringere Lösungsanteile, somit höhere Schwierigkeit). Allerdings fällt die Aufgabe 17 etwas aus dem Rahmen. Auch die Trennschärfe der Aufgaben ist – mit Ausnahme der Aufgabe 9 – gut. Eine Abnahme der Trennschärfe mit der Reihenfolge der Aufgaben ist nicht gegeben.

6.3.5 Leistungsveränderungen in der Klasse

Leistungsveränderungen in der Klasse, zumal, wenn sie gehäuft auftreten, sollten wir aufmerksam registrieren. Allerdings wird es immer zufallsbedingte Schwankungen geben. Gegen diese kann man sich absichern, wenn man die Anzahl der Veränderungen mit der Anzahl der konstanten Fälle oder die Anzahl der Verbesserungen mit derjenigen der Verschlechterungen vergleicht und in Tabelle 1 des Anhangs einen kritischen Wert nachschlägt.

In einer Prüfung haben sich 17 Schüler verschlechtert, 4 haben sich verbessert, 10 haben gleich bleibende Leistungen erzielt. Liegt das

Überwiegen der Verschlechterungen gegenüber den Verbesserungen noch im Bereich der Zufallsschwankungen? In diesem Falle lassen wir die Schüler mit gleich bleibender Leistung außer Betracht und schlagen in Tabelle 1 des Anhangs für 17 + 4 = 21 Schüler einen kritischen Wert von 15 nach (bei 1-seitigem Test, der hier anzuwenden ist). Die Anzahl der Verschlechterungen liegt über diesem kritischen Wert. Sie kann also mit einer Urteilssicherheit von 95 % als nicht mehr zufällig angesehen werden.

Die nachstehende Tabelle gibt die Zielerreichung der Schüler in einer früheren und in einer aktuellen Prüfung wieder:

	Zielerreicher bei jetziger Prüfung	Zielverfehler bei jetziger Prüfung
Zielerreicher bei früherer Prüfung	11	8
Zielverfehler bei früherer Prüfung	12	5

Abbildung 20: Zielerreichung von Schülern in einer früheren und aktuellen Prüfung

Wir können hier zwei Fragestellungen anschließen:

- Ist der Umstand, dass von den insgesamt 17 Zielverfehlern der letzten Prüfung nun 12 zu Zielerreichern geworden sind, noch als zufällig anzusehen?
- Kann die Tatsache, dass von den 19 Zielerreichern der letzten Prüfung 8 das Ziel nicht erreicht haben, noch als Zufallsschwankung gelten?

Zur ersten Frage schlagen wir in Tabelle 1 des Anhangs für n = 17 einen kritischen Wert von 13 nach, der erreicht oder überschritten sein muss, damit wir das Überwiegen der Zielerreicher als nicht mehr zufällig ansehen dürfen. Dieser Wert wird von unseren lediglich 12 »Aufsteigern« nicht erreicht. Es kann sich also noch um einen Zufallseffekt handeln.

Für die zweite Frage ermitteln wir zu n = 19 einen kritischen Wert von 14. Dieser wird von unseren 8 Zielfehlern, die vorher Zielerreicher waren, deutlich unterboten. Die These der Zielschwankung ist also nicht widerlegt.

6.4 Auswertungsschemata

Um die einzelnen Analyseschritte zu bündeln und die Analyse insgesamt zu rationalisieren, empfiehlt es sich, Auswertungsschemata zu benutzen. Entsprechende Vorschläge sollen hier unterbreitet und an zwei Beispielen demonstriert werden:

6.4.1 Beispiel 1: Mathematik-Schulaufgabe in einer 10. Realschulklasse[10]

Wir betrachten zunächst die Inangriffnahme der Aufgaben durch die Schüler, um die Angemessenheit der Prüfungszeit einzuschätzen. Es empfiehlt sich, die Schüler nach Zielerreichern (Note 4 oder besser) und Zielverfehlern zu gruppieren:[11]

SS	ZE	A1	A2	A3	A4	A5	A6	A7	A8	A9	A10	Σ
1	+	1,00	,00	1,00	1,00	1,00	1,00	1,00	1,00	1,00	**,00**	8
2	+	1,00	1,00	1,00	1,00	1,00	1,00	1,00	**,00**	1,00	1,00	9
4	+	1,00	**,00**	1,00	1,00	1,00	1,00	1,00	1,00	1,00	**,00**	8
5	+	1,00	1,00	1,00	1,00	1,00	1,00	1,00	**,00**	1,00	**,00**	8
9	+	1,00	1,00	1,00	1,00	1,00	1,00	1,00	1,00	**,00**	**,00**	8
10	+	1,00	1,00	1,00	1,00	1,00	1,00	1,00	1,00	1,00	**,00**	9
12	+	1,00	**,00**	1,00	1,00	1,00	1,00	1,00	1,00	1,00	1,00	9
13	+	1,00	1,00	1,00	1,00	1,00	1,00	1,00	1,00	1,00	1,00	10
14	+	1,00	1,00	1,00	1,00	1,00	1,00	1,00	1,00	**,00**	**,00**	8
17	+	1,00	**,00**	**,00**	1,00	1,00	1,00	1,00	**,00**	1,00	1,00	7
18	+	1,00	1,00	1,00	1,00	1,00	1,00	1,00	1,00	1,00	**,00**	9
20	+	1,00	1,00	1,00	1,00	1,00	1,00	1,00	1,00	**,00**	**,00**	8
21	+	1,00	1,00	1,00	1,00	1,00	1,00	1,00	1,00	1,00	1,00	10
3	-	1,00	**,00**	1,00	1,00	1,00	1,00	1,00	**,00**	**,00**	**,00**	6
6	-	1,00	1,00	1,00	1,00	1,00	1,00	**,00**	**,00**	**,00**	**,00**	6
7	-	1,00	1,00	1,00	1,00	1,00	1,00	1,00	**,00**	1,00	**,00**	8
8	-	**,00**	1,00	1,00	1,00	1,00	1,00	1,00	1,00	1,00	1,00	9
11	-	**,00**	1,00	1,00	1,00	1,00	1,00	**,00**	**,00**	**,00**	**,00**	5
15	-	1,00	**,00**	**,00**	1,00	1,00	1,00	1,00	**,00**	**,00**	**,00**	5
16	-	1,00	1,00	1,00	1,00	1,00	1,00	**,00**	**,00**	**,00**	**,00**	6
19	-	1,00	1,00	1,00	1,00	1,00	1,00	1,00	1,00	1,00	1,00	10
Σ		19	15	19	21	21	21	18	12	13	7	166
Σ_{ZE}		13	9	12	13	13	13	13	10	10	5	111
Σ_{ZV}		6	6	7	8	8	8	5	2	3	2	55

Tabelle 11: Inangriffnahme der Aufgaben in einer Mathematikschulaufgabe

Es fällt auf, dass die späteren Aufgaben 8, 9 und 10 (bei den Zielverfehlern auch schon Aufgabe 7) seltener in Angriff genommen wurden. Eine grafische Darstellung macht dies noch deutlicher:

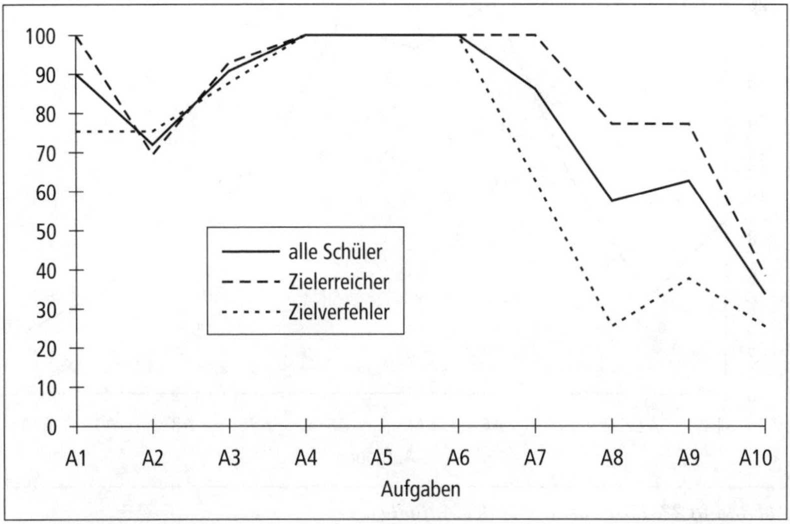

Abbildung 21: Inangriffnahme der Aufgaben in % der Schüler

Hier zeigt sich nicht nur, dass bei den Zielverfehlern die Inangriffnahme früher nachlässt als bei den Zielerreichern, sondern darüber hinaus, dass sie auch rapider abfällt.

Insgesamt hat es den Anschein, dass die Prüfungszeit für diese Schulaufgabe zu kurz bemessen war. In ganz besonderem Maße gilt dies für die Schüler 6, 11 und 16.

In Schema 1 und 2 ordnen wir die Daten nach Zielerreichern und Zielverfehlern an. Im Einzelnen tragen wir zunächst die von den einzelnen Schülern bei den verschiedenen Aufgaben erzielten Lösungsanteile LA ein. Diese errechnen sich als Quotient aus der maximalen Punktezahl P_{max} und der von den Schülern jeweils erreichten Punktezahl P_{err}. Die Lösungsanteile sind gewissermaßen die individuellen Schwierigkeiten der Aufgaben, d. h. sie zeigen, wie schwer die einzelnen Aufgaben den einzelnen Schülern fielen.

Wenn die Lösungsanteile mit der Aufgabenreihenfolge abnehmen, kann dies ein Hinweis darauf sein, dass die Prüfung zu lang war, so dass Ermüdungseffekte einsetzten. Von der 7. Aufgabe an ist in unserer Prüfung tatsächlich ein solcher Rückgang der Lösungsanteile zu beobachten:

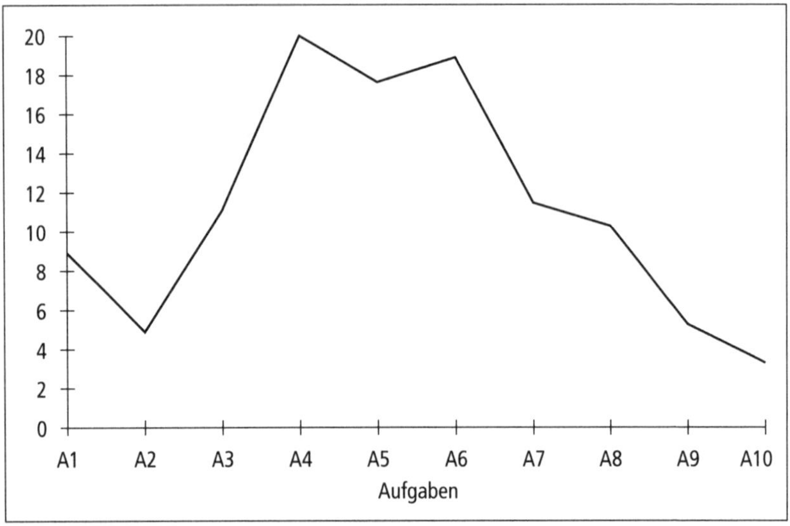

Abbildung 22: Lösungsanteile der Aufgaben

Bei vier Schülern ist der Rückgang der Lösungsanteile besonders drastisch:

SS	ZE/ZV	A 1	A 2	A 3	A 4	A 5	A 6	A 7	A 8a	A 9	A 10
18	ZE	,78	,44	1,00	1,00	1,00	1,00	**,50**	**,67**	**,00**	**,00**
20	ZE	,78	,33	1,00	1,00	1,00	1,00	1,00	1,00	**,00**	**,00**
6	ZV	,67	,22	,25	,00	,00	,33	**,00**	**,00**	**,00**	**,00**
7	ZV	,56	,44	,00	1,00	,00	0,07	**,00**	**,00**	**,00**	**,00**

Tabelle 12: Lösungsanteile einzelner Schüler

Mindestens die Zielverfehler 6 und 7 sollte man sich im Hinblick auf ihre geringes Arbeitstempo genauer ansehen.

In dem vorliegenden Beispiel dürften die gegen Ende zu geringer werdenden Lösungsanteile jedoch kaum Ermüdungseffekte signalisieren. Sie folgen vermutlich eher daraus, dass die späteren Aufgaben infolge der zu knapp bemessenen Prüfungszeit seltener in Angriff genommen wurden. Die geringen Lösungsanteile der letzten zwei bis drei Aufgaben könnten im Prinzip aber auch davon herrühren, dass diese Aufgaben die schwersten waren. Abgesehen davon, dass es prüfungstechnisch sehr ungeschickt wäre, eine Schulaufgabe so anzulegen, werden wir sogleich sehen, dass dies jedenfalls für die Aufgaben 7 und 8 nicht zutrifft.

Die von den einzelnen Schülern bei den verschiedenen Aufgaben jeweils erreichten Punktezahlen vergleichen wir mit der halben erreichbaren Punktezahl $\frac{1}{2} P_{max}$: Liegen sie über ihr oder entsprechen sie ihr mindestens, so vermerken wir hinter den erreichten Punktezahlen ein Pluszeichen, andernfalls ein Minuszeichen. Die bei den einzelnen Aufgaben für die Zielerreicher gezählten Pluszeichen notieren wir in der Zeile ZE+, die für die Zielverfehler gezählten Minuszeichen in der Zeile ZV-. Für die Aufgabe 1 betragen diese Werte 9 und 6. Ihre Summe 15 stellt die Anzahl der konkordanten Fälle dar (vgl. oben 6.2.2). Aus ihr ermitteln wir nach (2) die Trennschärfe:

$$T = 2 \cdot \frac{(9+6)}{n} - 1 = 0{,}43$$

Die Signifikanz prüfen wir mit Tabelle 1 des Anhangs: Sie weist uns für n = 21 Schüler einen kritischen Wert von 15 für die konkordanten Fälle aus, der nicht unterschritten werden darf. Die Trennschärfe für Aufgabe 1 ist im Hinblick auf die 15 konkordanten Fälle also gerade noch signifikant. Die Aufgaben 2, 3, 4, 9 und 10 hingegen haben keine ausreichende Trennschärfe. Die nicht trennscharfen Aufgaben liegen sowohl im vorderen als auch im hinteren Teil der Prüfung. Allerdings ist von Aufgabe 7 an ein kontinuierlicher Abfall der Trennschärfen zu beobachten. Die Befundlage im Hinblick auf Ermüdungseffekte ist also uneindeutig.

Dass die letzte Aufgabe so wenig trennscharf ist, könnte u. a. auch davon herrühren, dass infolge von Zeitknappheit am Ende viele Schüler in Panik gerieten, was wiederum bedingte, dass bei der letzten Aufgabe mehr die Fähigkeit, einen kühlen Kopf zu behalten, als die mathematische Kompetenz geprüft wurde.

Jedoch sollte hinsichtlich dieser und auch der übrigen nicht trennscharfen Aufgaben geklärt werden, wieso sie nicht ausreichend zwischen Zielerreichern und Zielverfehlern differenzierten. Möglicherweise sind sie auch aus ganz anderen Gründen nicht genügend valide.[12]

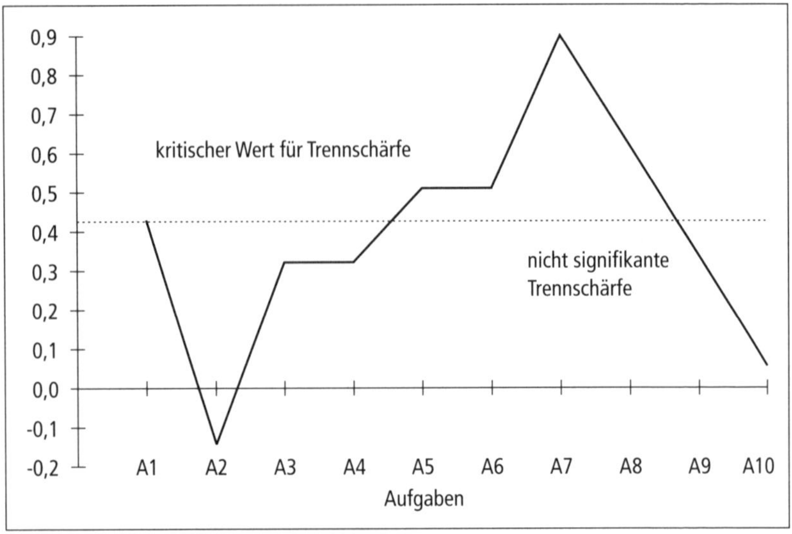

Abbildung 23: Trennschärfe der Aufgaben

Indem wir die Summen $\sum P_{err}$ der bei den einzelnen Aufgaben von allen Schülern erreichten Punkte gemäß (1a) durch das Produkt aus Schülerzahl und maximaler Punktezahl dividieren und mit 100 multiplizieren, erhalten wir die Aufgabenschwierigkeiten S. Von diesen dürften mindestens die in Schema 1 fett gedruckten für die Aufgaben 2, 9 und 10 bedenklich sein, zumal nach Abbildung 14 bei 21 Schülern schon bei Aufgaben mit einer Schwierigkeit von ca. 41 die Untergrenze des Vertrauensbereiches in die kritische Zone unter 20 % hineinragt.

Falls den Aufgaben 1, 3, 7 und 8 hohe Bedeutsamkeit zukommt, könnte auch deren Schwierigkeit als problematisch angesehen werden, weil sie deutlich unter der 70 %-Marke liegt.

Die Gesamtschwierigkeit der Prüfung ermitteln wir nach (3a) aus der von allen Schülern zusammen erzielten Punktesumme von 517, der in der Prüfung erreichbaren maximalen Punktezahl 53 und der Klassenstärke von 21 Schülern:

$$S_g = \frac{517}{21 \cdot 53} \cdot 100 = 46{,}45$$

Da die Prüfung aus 21 Aufgaben und Teilaufgaben besteht, liegt nach Abbildung 17 die Untergrenze des Vertrauensbereiches für diese Schwierigkeit deutlich oberhalb der 20%-Marke. D. h. die Gesamtschwierigkeit der Prüfung ist als angemessen anzusehen.

Es bleibt noch, die Zahl der Zielerreicher (13) derjenigen der Zielverfehler (8) gegenüberzustellen, und zu fragen, ob wir uns damit zufrieden geben dürfen. Nach Tabelle 1 des Anhangs wären bei 21 Schülern mindestens 15 Zielerreicher erforderlich, um mit 95 %-iger Sicherheit sagen zu können, die Mehrheit der Schüler habe das Lernziel erreicht. In unserem Beispiel ist dies also zweifelhaft.

Auch Notenverbesserungen und -verschlechterungen im Vergleich zur vorangegangenen Schulaufgabe geben ein ähnliches Bild: In der mit »V« überschriebenen Spalte verzeichnen wir in 13 Fällen eine Verschlechterung und in 3 Fällen eine Verbesserung. Wenn wir die 5 Fälle gleich bleibender Noten hier außer Betracht lassen, so ist nach Tabelle 1 des Anhangs für insgesamt 16 Fälle (13 + 3) ein signifikantes Überwiegen der Verschlechterungen festzustellen. Es genügt ein kritischer Wert von 12, um ein signifikantes Überwiegen auf dem 5 %-Niveau festzustellen. Dass wir in unserem Beispiel mehr Veränderungen als gleichbleibende Leistungen haben, kann also nicht mehr als zufällige Leistungsschwankung in der Klasse angesehen werden.

6.4.2 Beispiel 2: Rechnungswesen-Schulaufgabe in einer 9. Realschulklasse[13]

Wir betrachten zunächst wiederum die Inangriffnahme der einzelnen Aufgaben, gezeigt in Tabelle 13 auf der nächsten Seite.[14] Insgesamt zeigt sich eine sehr hohe und gleich bleibend gute Inangriffnahme: Die allermeisten Schüler bearbeiten nahezu alle Aufgaben. Die eingeräumte Prüfungszeit kann also im Großen und Ganzen als ausreichend angesehen werden. Nur einige Zielverfehler (die Schüler 7, 14, 15) nehmen die beiden letzten Aufgaben nicht mehr in Angriff.

Da im Rechnungswesen traditionell eine Fehlerbewertung praktiziert wird, müssen wir hier statt der Lösungsanteile im Schema 2 die Fehleranteile der einzelnen Aufgaben betrachten. Hier werden einige Probleme sichtbar:

Schon die mittleren Fehleranteile der gesamten Klasse zeigen tendenziell zu den späteren Aufgaben hin einen leichten Anstieg, der vor allem von der 13. Aufgabe an zu erkennen ist. Bei den Schülern

	ZE	A1	A2	A3	A4	A5	A6	A7	A8	A9	A10	A11	A12	A13	A14	A15	A16	A17	A18
2	ZE	1	1	1	1	1	1	1	1	1	1	1	1	1	1	1	1	1	1
3	ZE	1	1	1	1	1	1	1	1	1	1	1	1	1	1	1	1	1	1
4	ZE	1	1	1	1	1	1	1	1	1	1	**0**	1	1	1	1	1	1	1
5	ZE	1	1	1	1	1	1	1	1	1	1	1	1	1	1	1	1	1	1
6	ZE	1	1	1	1	1	1	1	1	1	1	1	1	1	1	1	1	1	1
8	ZE	1	1	1	1	1	1	1	1	1	1	1	1	1	1	1	1	1	1
9	ZE	1	1	1	1	1	1	1	1	1	1	1	1	1	1	1	1	1	1
10	ZE	1	1	1	1	1	1	1	1	1	1	1	1	1	1	1	1	1	1
11	ZE	1	1	1	1	1	**0**	1	1	1	1	1	1	1	1	1	1	**0**	1
12	ZE	1	1	1	1	1	1	1	1	1	1	1	1	1	1	1	1	1	1
16	ZE	1	1	1	1	1	1	1	1	1	1	1	1	1	1	1	1	1	1
17	ZE	1	1	1	1	1	1	1	1	1	1	**0**	1	1	1	1	1	1	1
18	ZE	1	1	1	1	1	1	1	1	1	1	1	1	1	1	1	1	1	1
20	ZE	1	1	1	1	1	1	1	1	1	1	1	1	1	1	1	1	1	1
21	ZE	1	1	1	1	1	1	1	1	1	1	1	1	1	1	1	1	1	1
22	ZE	1	1	1	1	1	1	1	1	1	1	1	1	1	1	1	1	1	1
23	ZE	1	1	1	1	1	1	1	1	1	1	1	1	1	1	1	1	1	1
24	ZE	1	1	1	1	1	1	1	1	**0**	1	1	1	1	1	1	1	1	1
25	ZE	1	1	1	1	1	1	1	1	1	1	1	1	1	1	1	1	1	1
1	ZV	1	1	1	1	1	1	1	1	1	1	**0**	1	1	1	1	1	1	1
7	ZV	1	1	1	1	1	1	1	1	1	**0**	1	1	1	1	1	1	**0**	**0**
13	ZV	1	1	1	1	1	1	**0**	1	**0**	**0**	1	1	1	1	1	1	**0**	1
14	ZV	1	1	1	1	1	1	1	1	**0**	1	1	1	1	1	1	1	**0**	**0**
15	ZV	1	1	1	1	1	1	1	1	1	**0**	0	1	1	1	**0**	1	**0**	**0**
19	ZV	1	1	1	1	1	1	1	1	1	1	1	1	1	1	1	1	**0**	1
26	ZV	1	1	1	1	1	1	1	1	1	**0**	**0**	1	1	1	1	**0**	1	1
Σ	26	26	26	26	26	26	25	25	26	23	22	21	26	26	26	25	25	20	23
Σ_{ZV}	7	7	7	7	7	7	7	6	7	5	3	4	7	7	7	6	6	2	4
Σ_{ZE}	19	19	19	19	19	19	18	19	19	18	19	17	19	19	19	19	19	18	19

Tabelle 13: Inangriffnahme der Aufgaben in einer Schulaufgabe aus dem Rechnungswesen

6, 7, 9, 11, 14, 15, 17, 22 und 26 sowie bei den Zielverfehlern insgesamt zeichnet sich diese Tendenz deutlicher ab:

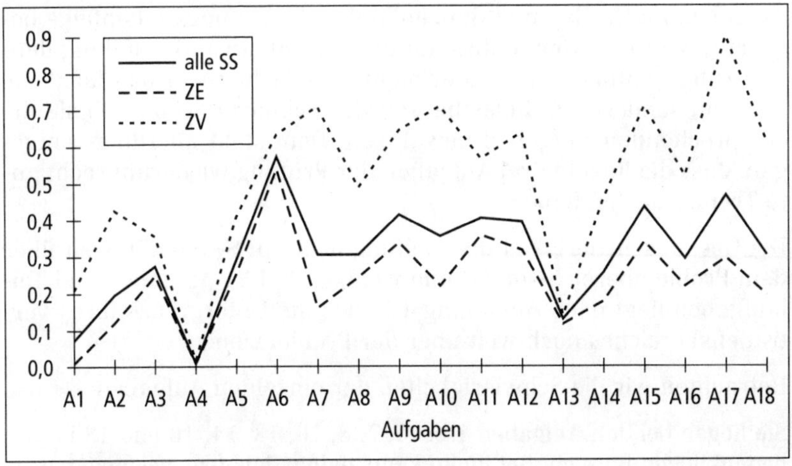

Abbildung 24: Mittlere Fehleranteile

Diese Beobachtung legt die Vermutung nahe, dass die Prüfung bei ausreichender Bearbeitungszeit vielleicht etwas zu lang war, so dass Ermüdungseffekte auftraten.

Dieser Verdacht erhärtet sich, wenn wir die Trennschärfen der Aufgaben (Zeile T in Schema 2) betrachten:

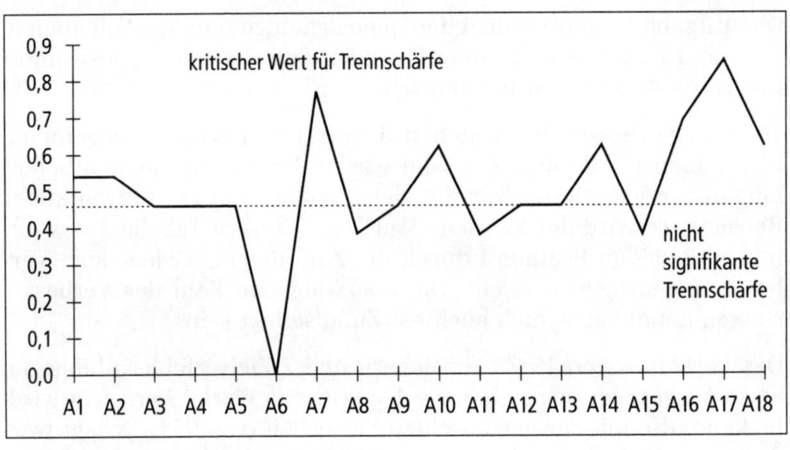

Abbildung 25: Trennschärfe der Aufgaben

Nach dem ersten Einbruch der Trennschärfe bei Aufgabe 6 treten nichtsignifikante Trennschärfen im hinteren Teil der Prüfung gehäufter auf (bei den Aufgaben 8, 11, und 15). Sofern die einzelnen Aufgaben im Großen und Ganzen in der Darbietungsreihenfolge bearbeitet wurden, könnte dies auf das Eintreten von Ermüdung deuten: Offensichtlich entscheidet mehr und mehr nicht das fachliche Können, sondern die Belastbarkeit der Schüler darüber, ob sie die entsprechenden Aufgaben bewältigen. Dem steht allerdings entgegen, dass die letzten drei Aufgaben der Prüfung wiederum recht gute Trennschärfen haben.

Die Gesamtschwierigkeit der Prüfung liegt mit $S_g = 69{,}76$ weit über dem Problembereich von 20 und weniger. Bei 31 Aufgaben und Teilaufgaben liegt nach Abbildung 17 auch die Untergrenze ihres Vertrauensbereiches noch weit über der Problemzone.

Betrachten wir die Schwierigkeiten der einzelnen Aufgaben:

Sie liegen bei den Aufgaben 1 bis 5, 7, 8, 10, 13, 14, 16 und 18 im unbedenklichen Bereich. Bei ihnen kann zudem davon ausgegangen werden, dass die Untergrenze ihres Vertrauensbereiches, wie er nach Abb. 14 ermittelt werden kann, nicht in die Problemzone unter 20 hineinreicht. Allenfalls, wenn ihnen sehr hohe Bedeutsamkeit zukommt, könnte die Lösungshäufigkeit (die empirische Schwierigkeit) der Aufgaben 7, 8, 10 und 18 vielleicht schon nicht mehr befriedigen, da die Untergrenzen ihres Vertrauensbereiches nach Abbildung 14 kaum über 50 liegen. Die Aufgaben 6, 9, 11, 12, 15 und 17 hingegen wären schon als mittelmäßig bedeutsame nicht mehr hinreichend häufig gelöst.

Die Aufgabe 6 gehört neben den oben schon genannten Aufgaben 8, 11 und 15 zu den nicht hinreichend trennscharfen, ist also unter mehreren Aspekten problematisch.

14 Notenverbesserungen stehen 5 Verschlechterungen gegenüber. In 7 Fällen wurde dieselbe Note wie in der vorangehenden Schulaufgabe erzielt. Lassen wir die gleich bleibenden Leistungen außer Betracht, so wird der kritische Wert von 15 nach Tabelle 1 des Anhangs (2-seitige Prüfung!) durch die Zahl der überwiegenden Verbesserungen nicht erreicht. Die überwiegende Zahl der Verbesserungen könnte also auch noch ein Zufallseffekt sein.

Das Verhältnis von 19 Zielerreichern und 7 Zielverfehlern hingegen ist so ausgeprägt ungleich, dass der kritische Wert 19 erreicht wird. Es kann also mit der gewünschten Sicherheit (von 95%) gesagt werden, dass die Zielerreicher in dieser Prüfung überwiegen.

Anmerkungen

1 Vgl. dazu oben 5.1.
2 Berechnung der Vertrauensberiche nach Sacher 1980, S. 17 f.
3 Vgl. oben 4.5.
4 Zur Validität vgl. oben Anm. 2 zu Kapitel 4.
5 Dies ist der von Fricke (1972; 1973) vorgeschlagene Koeffizient Ü.
6 Vgl. dazu oben 6.1.
7 Vgl. dazu oben 5.2.
8 Einen Vorschlag für eine saubere inferenzstatistische Überprüfung des Indifferenzbereiches habe ich an anderer Stelle gemacht (Sacher 1996, S. 90 f).
9 Eine Ausnahme bildet hier allerdings das Fach Rechnungswesen, das in der Regel sehr lange Prüfungen mit vielen kleinen Aufgaben durchführt, bei dem aber kein Abnehmen der Trennschärfen zu beobachten war.
10 Das Beispiel stammt aus unserer Nürnberger Untersuchung (Lederer 1998), ist also keineswegs fiktiv.
11 Man kann die Inangriffnahme auch im Schema 1 mit erfassen, indem man diejenigen Lösungshilfen von 0, die auf Nicht-Inangriffnahme beruhen, entsprechend kenntlich macht. Im Schema 1 z. B. sind sie fettgedruckt.
12 Zum Begriff der Validität vgl. oben Anm. 2 zu Kapitel 4.
13 Auch dieses Beispiel stammt aus unserer Nürnberger Untersuchung (LEDERER 1998).
14 Man kann die Inangriffnahme auch im Schema 2 mit erfassen, indem man diejenigen Fehleranteile von 1, die auf Nicht-Inangriffnahme beruhen, entsprechend kenntlich macht.

Anhang

Vorzeichen-Test (Werte für 1-seitige Fragestellung)

N*	25%-Niveau	5%-Niveau
	mindestens erforderliche überwiegende Fälle	
5[40]	4	5
6	5	6
7	5	7
8	6	7
9	7	8
10	7	9
11	8	9
12	8	10
13	9	10
14	9	11
15	10	12
16	10	12
17	11	13
18	11	13
19	12	14
20	13	15
21	13	15
22	14	16
23	14	16
24	15	17
25	15	18
26	16	18
27	16	19
28	17	19
29	17	20
30	18	20
31	18	21
32	19	22
33	19	22
34	20	23
35	20	23
36	21	24
37	22	24
38	22	25
39	23	26
40	23	26

Schema 1: Lösungsanteile in einer Mathematikschulaufgabe

SS	$P_{err\text{-}g}$	N_v	N_j	V			A1	A2	A3	A4	A5	A6	A7	A8	A9	A10
						P_{max}	9 P	9 P	4 P	1 P	5 P	3 P	10 P	3 P	3 P	6 P
						$1/2\ P_{max}$	4,5 P	4,5 P	2 P	0,5 P	2,5 P	1,5 P	5 P	1,5 P	1,5 P	3 P
1	34	2	3	-	ZE	LA	,78	**,00**	,75	1,00	1,00	,67	1,00	1,00	1,00	**,00**
						P_{err}	7,00 +	,00 -	3,00 +	1,00 +	5,00 +	2,00 -	10,00 +	3,00 +	3,00 +	,00 -
2	41	3	2	+	ZE	LA	,78	,56	1,00	1,00	1,00	1,00	,80	**,00**	,67	1,00
						P_{err}	7,00 +	5,00 +	4,00 +	1,00 +	5,00 +	3,00 +	8,00 +	,00 -	2,00 +	6,00 +
4	25	3	4	-	ZE	LA	,22	**,00**	1,00	1,00	1,00	1,00	,60	1,00	,33	**,00**
						P_{err}	2,00 -	,00 -	4,00 +	1,00 +	5,00 +	3,00 +	6,00 +	3,00 +	1,00 -	,00 -
5	29	2	3	-	ZE	LA	,89	,00	,00	1,00	1,00	1,00	,90	**,00**	1,00	**,00**
						P_{err}	8,00 +	,00 -	,00 -	1,00 +	5,00 +	3,00 +	9,00 +	,00 -	3,00 +	,00 -
9	30	2	3	-	ZE	LA	,00	,44	1,00	1,00	1,00	1,00	1,00	1,00	**,00**	**,00**
						P_{err}	,00 -	4,00 -	4,00 +	1,00 +	5,00 +	3,00 +	10,00 +	3,00 +	,00 -	,00 -
10	30	3	3	0	ZE	LA	,89	,33	,00	1,00	1,00	1,00	,60	1,00	,33	**,00**
						P_{err}	8,00 +	3,00 -	,00 -	1,00 +	5,00 +	3,00 +	6,00 +	3,00 +	1,00 -	,00 -
12	23	3	4	-	ZE	LA	,00	**,00**	1,00	1,00	1,00	1,00	,60	1,00	,00	,17
						P_{err}	,00 -	,00 -	4,00 +	1,00 +	5,00 +	3,00 +	6,00 +	3,00 +	,00 -	1,00 -
13	44	2	2	0	ZE	LA	1,00	,44	1,00	1,00	1,00	1,00	,70	1,00	,67	1,00
						P_{err}	9,00 +	4,00 -	4,00 +	1,00 +	5,00 +	3,00 +	7,00 +	3,00 +	2,00 +	6,00 +
14	30	4	3	+	ZE	LA	,56	,33	,00	1,00	1,00	1,00	1,00	1,00	**,00**	**,00**
						P_{err}	5,00 +	3,00 -	,00 -	1,00 +	5,00 +	3,00 +	10,00 +	3,00 +	,00 -	,00 -
17	23	4	4	0	ZE	LA	,00	**,00**	**,00**	1,00	1,00	1,00	1,00	**,00**	1,00	,17
						P_{err}	,00 -	,00 -	,00 -	1,00 +	5,00 +	3,00 +	10,00 +	,00 -	3,00 +	1,00 -
18	31	3	3	0	ZE	LA	,78	,44	1,00	1,00	1,00	1,00	,50	,67	,00	**,00**
						P_{err}	7,00 +	4,00 -	4,00 +	1,00 +	5,00 +	3,00 +	5,00 +	2,00 +	,00 -	,00 -
20	36	2	2	0	ZE	LA	,78	,33	1,00	1,00	1,00	1,00	1,00	1,00	**,00**	**,00**
						P_{err}	7,00 +	3,00 -	4,00 +	1,00 +	5,00 +	3,00 +	10,00 +	3,00 +	,00 -	,00 -
21	39	3	2	+	ZE	LA	,78	,33	1,00	1,00	1,00	1,00	,60	1,00	,33	1,00
						P_{err}	7,00 +	3,00 -	4,00 +	1,00 +	5,00 +	3,00 +	6,00 +	3,00 +	1,00 +	6,00 +

Schema 1: Lösungsanteile in einer Mathematikschulaufgabe (Forts.)

SS	P_{err-g}	N_V	N_j	V			A1	A2	A3	A4	A5	A6	A7	A8	A9	A10
						P_{max}	9 P	9 P	4 P	1 P	5 P	3 P	10 P	3 P	3 P	6 P
						$1/2\, P_{max}$	4,5 P	4,5 P	2 P	0,5 P	2,5 P	1,5 P	5 P	1,5 P	1,5 P	3 P
3	9	3	6	-	ZV	LA	,00	,00	,75	1,00	,00	,67	,30	,00	,00	,00
						P_{err}	,00-	,00-	3,00+	1,00+	,00-	2,00-	3,00-	,00-	,00-	,00-
6	10	3	5	-	ZV	LA	,67	,22	,25	,00	,00	,33	,00	,00	,00	,00
						P_{err}	6,00+	2,00-	1,00-	,00-	,00-	1,00-	,00-	,00-	,00-	,00-
7	12	4	5	-	ZV	LA	,56	,44	,00	1,00	,00	,67	,00	,00	,00	,00
						P_{err}	5,00+	4,00-	,00-	1,00+	,00-	2,00-	,00-	,00-	,00-	,00-
8	16	4	5	-	ZV	LA	,00	,44	,75	1,00	1,00	1,00	,00	,00	,00	,00
						P_{err}	,00-	4,00-	3,00+	1,00+	5,00+	3,00+	,00-	,00-	,00-	,00-
11	11	4	5	-	ZV	LA	,00	,44	,00	1,00	,60	1,00	,00	,00	,00	,00
						P_{err}	,00-	4,00-	,00-	1,00+	3,00+	3,00+	,00-	,00-	,00-	,00-
15	17	4	5	-	ZV	LA	,33	,00	,00	1,00	1,00	,67	,60	,00	,00	,00
						P_{err}	3,00-	,00-	,00-	1,00+	5,00+	2,00-	6,00+	,00-	,00-	,00-
16	10	2	5	-	ZV	LA	,00	,11	,00	1,00	1,00	1,00	,00	,00	,00	,00
						P_{err}	,00-	1,00-	,00-	1,00+	5,00+	3,00+	,00-	,00-	,00-	,00-
19	17	4	5	-	ZV	LA	,00	,00	,75	1,00	1,00	1,00	,30	,67	,00	,00
						P_{err}	,00-	,00-	3,00+	1,00+	5,00+	3,00+	3,00-	2,00+	,00-	,00-
	517					LA	9,02	4,85	11,25	20	17,6	19,01	11,5	10,34	5,33	3,34
ΣP_{err}							81	44,1	45,94	20	88	57	115	31	16	20
S							42,89	**23,33**	53,5	95,0	83,8	90,33	54,8	49,33	**25,33**	**15,83**
ZE+							9	1	9	13	13	12	13	10	6	3
ZV-							6	8	5	1	3	4	7	7	8	8
T							0,43*	-0,14	0,33	0,33	0,52*	0,52*	0,90*	0,62*	0,33	0,05

Schema 1: Lösungsanteile in einer Mathematikschulaufgabe (Fortsetzung)

Legende:

SS	Schüler
P_{max}	bei der betr. Aufgabe erreichbare Punkte
P_{err}	bei der betr. Aufgabe erreichte Punkte
$P_{err\text{-}g}$	insgesamt in der Prüfung erreichte Punkte
N_v, N_j	vorige bzw. jetzige Note
V	Verbesserung (+ = ja; - = Verschlechterung; 0 = gleichbleibende Note)
ZE, ZV	Zielerreicher bzw. Zielverfehler
LA	Lösungsanteile = erreichte Punkte / mögliche Punkte (angefügtes »+« = Erreichen oder Überschreiten der halben Punktezahl bei dieser Aufgabe, »-« = Unterschreiten der halben Punktezahl bei dieser Aufgabe)
Inangriffnahme	Fettdruck des Lösungsanteils (der dann logischerweise immer 0 sein muss!) = nicht in Angriff genommen Normaldruck des Lösungsanteils = in Angriff genommen
A 1, A 2, A 3 etc.	Aufgabe 1, 2, 3 etc.
S	Schwierigkeit der Aufgabe
ZE+	Summe der Zielerreicher, welche die halbe Punktezahl bei dieser Aufgabe erreichten oder überschritten
ZV-	Summe der Zielverfehler, welche die halbe Punktezahl bei dieser Aufgabe nicht erreichten
T	Trennschärfe

erzielte Punkte insgesamt: 517

$$S_g = \frac{517}{21 \cdot 53} \cdot 100 = 46{,}45$$

Verbesserungen: 3

Verschlechterungen: 13

Zielerreicher: 13

Zielverfehler: 8

Benotung:

Punkte	Note
45-53:	1
36-44:	2
28-35:	3
19-27:	4
10-18:	5
0- 9:	6

Schema 2: Fehleranteile einer Schulaufgabe aus dem Rechnungswesen

SS	$F_{erz\text{-}g}$	N_v	N_j	V			A1	A2	A3	A4	A5	A6	A7	A8	A9	A10	A11	A12	A13	A14	A15	A16	A17	A18
						F_{max}	4 F	6 F	4 F	3 F	6 F	2 F	4 F	7 F	8 F	4 F	2 F	2 F	4 F	3 F	1 F	8 F	6 F	2 F
						$^1/_2F_{max}$	2 F	3 F	2 F	1,5 F	3 F	1 F	2 F	3,5 F	4 F	2 F	1 F	1 F	2 F	1,5 F	0,5 F	4 F	3 F	1 F
2		3	2	+	ZE	FA	,00	,00	,25	,00	,00	1,00	,25	,00	,25	,00	,50	,00	,00	,33	,50	,13	,00	,00
	9,50					F_{erz}	,00 +	,00+	1,00+	,00+	,00+	2,00-	1,00+	,00+	2,00+	,00+	1,00+	,00+	,00+	1,00+	,50+	1,00+	,00+	,00+
3		1	1	0	ZE	FA	,00	,00	,25	,00	,50	,00	,00	,00	,00	,00	,50	,00	,00	,00	,00	,13	,00	,00
	6,00					F_{erz}	,00+	,00+	1,00+	,00+	3,00+	,00+	,00+	,00+	,00+	,00+	1,00+	,00+	,00+	,00+	,00+	1,00+	,00+	,00+
4		6	4	+	ZE	FA	,00	,00	,50	,00	,67	,00	,50	,29	,81	,50	**1,00**	,50	,50	,00	,00	,44	,33	,50
	30,00					F_{erz}	,00+	,00+	2,00+	,00+	4,00-	,00+	2,00+	2,00+	6,50-	2,00+	2,00-	1,00+	2,00+	,00+	,00+	3,50+	2,00+	1,00+
5		2	1	+	ZE	FA	,00	,00	,50	,00	,00	,00	,00	,00	,13	,00	,00	,00	,00	,00	,00	,13	,00	,00
	4,00					F_{erz}	,00+	,00+	2,00+	,00+	,00+	,00+	,00+	,00+	1,00+	,00+	,00+	,00+	,00+	,00+	,00+	1,00+	,00+	,00+
6		4	4	0	ZE	FA	,00	,00	,25	,00	,00	,50	,00	,57	,63	,75	,00	,50	,38	,33	,00	,13	1,00	,50
	25,50					F_{erz}	,00+	,00+	1,00+	,00+	,00+	1,00+	,00+	4,00-	5,00-	3,00-	,00+	1,00+	1,50+	1,00+	,00+	1,00+	6,00-	1,00+
8		2	2	0	ZE	FA	,00	,00	,00	,17	,00	1,00	,00	,43	,06	1,00	,00	,00	,00	,00	,00	,00	,08	,00
	10,50					F_{erz}	,00+	,00+	,00+	,50+	,00+	2,00-	,00+	3,00+	,50+	4,00-	,00+	,00+	,00+	,00+	,00+	,00+	,50+	,00+
9		4	4	0	ZE	FA	,00	,33	,25	,00	,17	1,00	,25	,57	,50	,00	,00	1,00	,00	,33	1,00	,44	,83	,50
	28,50					F_{erz}	,00+	2,00+	1,00+	,00+	1,00+	2,00-	1,00+	4,00-	4,00+	,00+	,00+	2,00-	,00+	1,00+	1,00-	3,50+	5,00-	1,00+
10		5	4	+	ZE	FA	,00	,00	,25	,00	,50	1,00	,50	,00	,38	,00	,50	1,00	,50	,50	1,00	,44	,17	,00
	23,00					F_{erz}	,00+	,00+	1,00+	,00+	3,00+	2,00-	2,00+	,00+	3,00+	,00+	1,00+	2,00-	2,00+	1,50+	1,00-	3,50+	1,00+	,00+
11		5	3	+	ZE	FA	,00	,25	,25	,00	,00	**1,00**	,13	,00	,44	,00	,75	,50	,00	,33	1,00	,25	**1,00**	,25
	21,50					F_{erz}	,00+	1,50+	1,00+	,00+	,00+	2,00-	,50+	,00+	3,50+	,00+	1,50-	1,00+	,00+	1,00+	1,00-	2,00+	6,00-	,50+
12		3	4	-	ZE	FA	,00	,33	,25	,00	,33	1,00	,25	,71	,25	,00	,00	,00	,25	,33	,00	,50	,50	1,00
	26,00					F_{erz}	,00+	2,00+	1,00+	,00+	2,00+	2,00-	1,00+	5,00-	2,00+	,00+	,00+	,00+	1,00+	1,00+	,00+	4,00+	3,00+	2,00-
16		4	3	+	ZE	FA	,00	,33	,50	,00	,33	,00	,00	,57	,13	,00	,50	,00	,00	,00	,00	,13	,17	,00
	14,00					F_{erz}	,00+	2,00+	2,00+	,00+	2,00+	,00+	,00+	4,00-	1,00+	,00+	1,00+	,00+	,00+	,00+	,00+	1,00+	1,00+	,00+
17		5	3	+	ZE	FA	,25	,00	,25	,00	,50	,00	,00	,00	,00	,25	**1,00**	,50	,00	,00	1,00	,13	,17	,50
	13,00					F_{erz}	1,00+	,00+	1,00+	,00+	3,00+	,00+	,00+	,00+	,00+	1,00+	2,00-	1,00+	,00+	,00+	1,00-	1,00+	1,00+	1,00+
18		4	3	+	ZE	FA	,00	,17	,25	,00	,00	1,00	,25	,14	,75	,50	1,00	,50	,00	,00	,00	,00	,50	,50
	21,00					F_{erz}	,00+	1,00+	1,00+	,00+	,00+	2,00-	1,00+.	1,00+	6,00-	2,00+	2,00-	1,00+	,00+	,00+	,00+	,00+	3,00+	1,00+

Schema 2: Fehleranteile einer Schulaufgabe aus dem Rechnungswesen (Fortsetzung)

SS	$F_{erz\text{-}g}$	N_v	N_j	V			A1	A2	A3	A4	A5	A6	A7	A8	A9	A10	A11	A12	A13	A14	A15	A16	A17	A18
					F_{max}		4 F	6 F	4 F	3 F	6 F	2 F	4 F	7 F	8 F	4 F	2 F	2 F	4 F	3 F	1 F	8 F	6 F	2 F
20		3	2	+	ZE	FA	,00	,00	,25	,00	,00	1,00	,00	,43	,38	,00	,00	,00	,00	,33	,00	,00	,17	,00
	11,00					F_{erz}	,00+	,00+	1,00+	,00+	,00+	2,00-	,00+	3,00+	3,00+	,00+	,00+	,00+	,00+	1,00+	,00+	,00+	1,00+	,00+
21		3	2	+	ZE	FA	,00	,00	,00	,00	,50	1,00	,00	,29	,13	,00	,50	,00	,00	,33	,00	,00	,17	,00
	11,00					F_{erz}	,00+	,00+	,00+	,00+	3,00+	2,00-	,00+	2,00+	1,00+	,00+	1,00+	,00+	,00+	1,00+	,00+	,00+	1,00+	,00+
22		2	1	+	ZE	FA	,00	,00	,00	,00	,00	,00	,00	,00	,00	,00	,00	,00	,00	,00	1,00	,13	,00	,00
	2,00					F_{erz}	,00+	,00+	,00+	,00+	,00+	,00+	,00+	,00+	,00+	,00+	,00+	,00+	,00+	,00+	1,00-	1,00+	,00+	,00+
23		2	4	-	ZE	FA	,00	,50	,25	,00	,33	,00	,00	,14	,25	1,00	,50	,50	,00	,33	,00	,50	,33	,00
	22,00					F_{erz}	,00+	3,00+	1,00+	,00+	2,00+	,00+	,00+	1,00+	2,00+	4,00-	1,00+	1,00+	,00+	1,00+	,00+	4,00+	2,00+	,00+
24		5	4	+	ZE	FA	,00	,00	,25	,00	,50	1,00	1,00	,57	**1,00**	,25	,00	,00	,25	,00	,00	,25	,17	,00
	27,00					F_{erz}	,00+	,00+	1,00+	,00+	3,00+	2,00-	4,00-	4,00-	8,00-	1,00+	,00+	,00+	1,00+	,00+	,00+	2,00+	1,00+	,00+
25		3	3	0	ZE	FA	,00	,33	,25	,00	,58	,00	,00	,00	,38	,00	,00	1,00	,25	,33	1,00	,38	,17	,00
	18,50					F_{erz}	,00+	2,00+	1,00+	,00+	3,50-	,00+	,00+	,00+	3,00+	,00+	,00+	2,00-	1,00+	1,00+	1,00-	3,00+	1,00+	,00+
1		5	5	0	ZV	FA	,00	,33	,50	,00	,33	,00	1,00	,71	,75	,75	**1,00**	1,00	,00	,33	,00	,25	1,00	,50
	38,00					F_{erz}	,00+	2,00+	2,00+	,00+	2,00+	,00	4,00-	5,00-	6,00-	3,00-	2,00-	2,00-	,00+	1,00+	,00+	2,00+	6,00-	1,00+
7		6	5	+	ZV	FA	,25	,83	,00	,00	,33	,00	1,00	,57	,25	,00	,00	,00	,25	1,00	1,00	,25	**1,00**	**1,00**
	33,00					F_{erz}	1,00+	5,00-	,00+	,00+	2,00+	,00+	4,00-	4,00-	2,00+	,00+	,00+	,00+	1,00+	3,00-	1,00-	2,00+	6,00-	2,00-
13		5	6	-	ZV	FA	,75	,33	,25	,00	,58	,50	**1,00**	1,00	**1,00**	1,00	,50	,50	,13	,33	1,00	,19	**1,00**	,00
	45,50					F_{erz}	3,00-	2,00+	1,00+	,00+	3,50+	1,00+	4,00-	7,00-	8,00-	4,00-	1,00+	1,00+	,50+	1,00+	1,00-	1,50+	6,00-	,00+
14		5	6	-	ZV	FA	,00	,33	,50	,00	,50	1,00	,75	,14	**1,00**	,75	,50	1,00	,00	,33	1,00	,50	**1,00**	**1,00**
	41,00					F_{erz}	,00+	2,00+	2,00+	,00+	3,00+	2,00-	3,00-	1,00+	8,00-	3,00-	1,00+	2,00-	,00+	1,00+	1,00-	4,00+	6,00-	2,00-
15		5	5	0	ZV	FA	,25	,33	,50	,17	,33	1,00	,75	,14	,19	1,00	**1,00**	1,00	,25	1,00	**1,00**	,63	**1,00**	**1,00**
	41,00					F_{erz}	1,00+	2,00+	2,00+	,50+	2,00+	2,00-	3,00-	1,00+	1,50+	4,00-	2,00-	2,00-	1,00+	3,00-	1,00-	5,00-	6,00-	2,00-
19		5	6	-	ZV	FA	,25	,50	,50	,00	,75	1,00	,25	,71	1,00	,50	,00	,50	,00	,00	,00	,81	**1,00**	,50
	43,00					F_{erz}	1,00+	3,00+	2,00+	,00+	4,50-	2,00-	1,00+	5,00-	8,00-	2,00-	,00+	1,00+	,00+	,00+	,00+	6,50-	6,00-	1,00+
26		6	5	+	ZV	FA	,00	,33	,25	,00	,17	1,00	,25	,14	,38	1,00	**1,00**	,50	,38	,33	1,00	**1,00**	,33	,25
	32,00					F_{erz}	,00+	2,00+	1,00+	,00+	1,00+	2,00-	1,00+	1,00+	3,00+	4,00-	2,00-	1,00+	1,50+	1,00+	1,00-	8,00-	2,00+	,50+

Schema 2: Fehleranteile einer Schulaufgabe aus dem Rechnungswesen (Fortsetzung)

SS	A1 A2 A3	A4	A5	A6	A7	A8	A9	A10	A11	A12	A13	A14	A15	A16	A17	A18		
ΣF_{erz}	7	31,5	29	1	47,5	30	32,5	57	88	37	21,5	21	12,5	20,5	11,5	61,5	72,5	16
S	93,25	79,83	72	98,67	69,5	42,5	68,75	68,71	57,75	64,5	58,5	59,5	88	73,67	56	70,38	53,5	69
ZE+	19	19	19	19	17	9	18	14	15	16	15	16	19	19	13	19	16	18
ZV-	1	1	0	0	2	4	5	4	4	5	3	3	0	2	5	3	6	3
T	0,54*	0,54*	0,46*	0,46*	0,46*	0,0	0,77*	0,38	0,46*	0,62*	0,38	0,46*	0,46*	0,62*	0,38	0,69*	0,85*	0,62*

Legende:

SS	Schüler
F_{erz}	bei der betr. Aufgabe erzielte Fehler
$F_{erz\text{-}g}$	insgesamt in der Prüfung erzielte Fehler
N_v, N_j	vorige bzw. jetzige Note
V	Verbesserung (+ = ja; - = Verschlechterung; 0 = gleichbleibende Note)
ZE, ZV	Zielerreicher bzw. Zielverfehler
FA	Fehleranteile = erzielte Fehler / mögliche Fehler (angefügtes »+« = Unterschreiten oder Gleichheit mit der halben maximalen Fehlerzahl bei dieser Aufgabe, »-« = Überschreiten der halben maximalen Fehlerzahl bei dieser Aufgabe)
Inangriffnahme	Fettdruck des Fehleranteils (der dann logischerweise immer 1 sein muss!) = nicht in Angriff genommen Normaldruck des Fehleranteils = in Angriff genommen
A1, A2, A3 etc.	Aufgabe 1, 2, 3 etc. (darunter in Klammern jeweils höchstens mögliche Fehler)
ΣF_{erz}	Summe der Fehler aller Schüler bei der betr. Aufgabe
S	Schwierigkeit der Aufgabe
ZE+, ZV-	Summe der Zielerreicher, welche die halbe maximale Fehlerzahl bei dieser Aufgabe unterboten oder mit ihr gleichauf lagen bzw. sie übertrafen
T	Trennschärfe

$$S_g = \left(1 - \frac{597{,}5}{26 \cdot 76}\right) \cdot 100 = 69{,}76$$

Benotung:

Fehler	Note
0-6:	1
6,6-12:	2
12,5-21,5:	3
22-30,5:	4
31-39,5:	5
40-76:	6

maximal mögliche Fehler pro Schüler: 76
erzielte Fehler insgesamt: 591,5
Verbesserungen: 14
Verschlechterungen: 5
Zielerreicher: 19
Zielverfehler: 7

Literatur

Barnitzky, H. u. a.: Umgang mit Zensuren in allen Fächern. (2. Aufl.), Frankfurt a. M. 1989

Barnitzky, H.; Christiani, R.: Zeugnisschreiben in der Grundschule. Heinsberg 1987

Beck, O.: Aufsatzbeurteilung heute. Freiburg i. Br. 1980

Benner, D. Ramseger, J.: Zwischen Ziffernzensur und pädagogischem Entwicklungsbericht. In: Zeitschrift für Pädagogik 31 (1985), H.2, S. 151-174

Bildungskommission NRW (Hrsg.): Zukunft der Bildung – Schule der Zukunft. Neuwied. Kriftel 1995

Birkel, P.: Mündliche Prüfungen. Zur Objektivität und Validität der Leistungsbeurteilung. Bochum 1978

Bloom, B. S.: Taxonomie von Lernzielen im kognitiven Bereich. Weinheim 1972

Bolscho, D.; Burk, K. H.; Haarmann, D.: Grundschule ohne Noten. Frankfurt 1979

Bolscho, D.; Schwarzer, Ch.: Beurteilen in der Grundschule. München 1979

Born, M.; Lueg, C. H.: Zur Praxis der Aufsatzbenotung. Düsseldorf 1979

Brütting, L.: Leistungsmessung, Leistungsbeurteilung und Notengebung in der Schule. In: Büchner, *P.*: Vom Befehlen und Gehorsam zum Verhandeln. In: Preuß-Lausitz, U. u. a. (Hrsg.): Kriegskinder, Konsumkinder, Krisenkinder. Zur Sozialisationsgeschichte seit dem 2. Weltkrieg. Weinheim/Basel 1983

Crockett, W. H.: Cognitive Complexity and Impression Formation. In: Maher, B. A. (Hrsg.): Progress in Experimental Personality Research, Bd. 2, Chicago 1965

Czinczoll, B.: Leistungsfeststellung und -bewertung als differenzierte Sachverhaltsaufklärung. In: Pädagogische Welt, 49 (1995), H.3, S. 125-141,

Dave, H. R.: Eine Taxonomie pädagogischer Ziele und ihre Beziehung zur Leistungsmessung. In: Ingenkamp,K. / Marsolek, Th. a. a. O. 1968, S. 149-161

Dohse, W.: Das Schulzeugnis. Sein Wesen und seine Problematik. (2. Aufl.) Weinheim/Basel 1967

Döring, S.: Wortgutachten in der Grundschule – ihre Diskussion in der Fachwissenschaft und ihre Wirklichkeit. Schriftliche Hausarbeit an der Universität Augsburg zur Ersten Staatsprüfung für das Lehramt an Grundschulen im Frühjahr 1994

Einsiedler, W.: Bildung grundlegen und Leisten lernen in der Grundschule. Nürnberg 1998 (Berichte und Arbeiten aus dem Institut für Grundschulforschung der Universität Erlangen-Nürnberg Nr.89)

Elbing, E; Buschmann, S.: Schülerbeurteilung mittels Wortzeugnissen – eine empirische Analyse. Pädagogische Arbeitsberichte, Nr. 21, München 1985, S. 36

Fasholz, J.: Anforderungen an eine allgemeine technische Bildung aus der Sicht der Wirtschaft. In: Krüger, H.-H./Olbertz, J.-H. (Hrsg.): Bildung zwischen Staat und Markt. Opladen 1997

Fend, H.: Konformität und Selbstbestimmung. Weinheim/Basel 1971

Flechsig, K.-H.; Haller, H.-D.: Funktionen und Grundprobleme von Klassenarbeiten. In: Pädagogik 40 (1988), H.4, S. 36, 38, 39

Flitner, A.: Zensuren und Zeugnis. In: Flitner, A. (Hrsg.): Brennpunkte gegenwärtiger Pädagogik. Studien zur Schul- und Sozialerziehung. Reihe: Erziehung in Wissenschaft und Praxis – Bd. 9. München 1970

Fricke, R.: Testgütekriterien bei lernzielorientierten Tests. In: Zeitschrift für erziehungswissenschaftliche Forschung 6 (1972), S. 150-175

Fricke, R.: Zur Theorie lehrzielorientierter Tests. In: Lernzielorientierter Unterricht 1973, H. 4, S. 18-29

Funke, E. H.: Grundschulzeugnisse und Sonderschulbedürftigkeit. Berlin 1972

Garnitschnig, K.: Verbale Beurteilung und Unterrichtsgestaltung. In. Olechowski,R./Rieder,K. a. a. O. 1990, S. 174-205

Guilford, J. P.: Drei Aspekte der intellektuellen Begabung. In: Weinert, R. (Hrsg.): Pädagogische Psychologie. Köln 1967, S. 118-132.

Hacker, H.: Aufgaben in neuer Perspektive. In: Jürgens, E. u. a.: Die Grundschule. Zeitströmungen und aktuelle Entwicklungen. Hohengehren 1997

Hasemann, K.: Verhaltensbeobachtung. In: Gottschaldt, K. u. a. (Hrsg.): Handbuch der Psychologie, Bd. 6, Göttingen 1964, S. 807-836

Haußer, K.: Verbalbeurteilung in Schulzeugnissen. Eine psychologische Inhaltsanalyse. In: Die Deutsche Schule Jg. 83 (1991), Nr.3, S. 348-359

Heckt, D. H.: Eine längst fällige Entscheidung oder: Eine veränderte Grundschule braucht eine Zensurenreform. In: Grundschule 23 (1991), H. 12, S. 48-50

Heller, K. A.: Leistungsdiagnostik in der Schule. (4. Aufl.) Bern 1984

Henze, G.; Nauck, J.: Testen und Beurteilen. Grundfragen pädagogischer Diagnostik. Bad Heilbrunn 1985

Hochstetter, H. u. a.: Schüler – Richter – Lehrer. Maßnahmen der Schule im Spiegel der Rechtsprechung. Berlin 1957

Hofer, M.: Die Schülerpersönlichkeit im Urteil des Lehrers. (3. Aufl.) Weinheim/Basel 1974

Ingenkamp, K. (Hrsg.): Die Fragwürdigkeit der Zensurengebung. Weinheim/Basel 1972

Ingenkamp, K.: Erfassung und Rückmeldung des Lernerfolgs. In: Otto, G./Schulz, W. (Hrsg.): Methoden und Medien der Erziehung und des Unterrichts. Enzyklopädie der Erziehungswissenschaft, Band 4. Stuttgart 1985

Ingenkamp, K.: Diagnostik in der Schule. Beiträge zu Schlüsselfragen der Schülerbeurteilung. Weinheim 1989

Ingenkamp, K.: Lehrbuch der pädagogischen Diagnostik. Weinheim 1985

Ingenkamp, K.: Zeugnisse und Zeugnisreformen in der Grundschule aus der Sicht empirischer Pädagogik. In: Olechowski , R./ Persy, E. a. a. O. 1987, S. 39-79

Ingenkamp, K./Marsolek, Th.: Literatur über Tests im Bereich der Schule. Weinheim 1968

Jürgens, E.: Die ›neue‹ Reformpädagogik und die Bewegung Offener Unterricht. Theorie, Praxis und Forschungslage. (5. Aufl.) Sankt Augustin 2000

Jürgens, E.: Zeugnisse ohne Noten. Ein Weg zur differenzierten Leistungserziehung. Braunschweig 1999

Jürgens, E.: Leistung und Beurteilung in der Schule. Eine Einführung in Leistungs- und Bewertungsfragen. (4. erw. Aufl.) Sankt Augustin 1998

Jürgens, E.: Leistung und Beurteilung in der Schule. Eine Einführung in Leistungs- und Bewertungsfragen aus pädagogischer Sicht. (3. Aufl.), St. Augustin 1997

Jürgens, E.: Leistungsbeurteilungsprobleme aus der pädagogischen Sicht von Schulleitung. In: Schulleitung, F 9.5, Mai 1996

Klauer, K. J.: Ein kriteriumsorientiertes Zensierungsmodell. In: Zeitschrift für Entwicklungspsychologie und Pädagogische Psychologie, Band XIV, 1982, H. 1, S. 65-79,

Klauer, K. J. (Hrsg.): Handbuch der pädagogischen Diagnostik. Studienausgabe, 2 Bde., Düsseldorf 1978

Klauer, K. J.: Bezugsnormen der Leistungsbewertung. In: Jahrbuch für Empirische Erziehungswissenschaft 1982, S. 21-38

Klauer, K. J.: Kriteriumsorientierte Tests. Göttingen 1987

Klauer, K. J.: Fördernde Notengebung durch Benotung unter drei Bezugsnormen. In: Olechowski, R./ Persy, E., a. a. O. 1987, S. 180-206

Kleber, E. W.: Beurteilung und Beurteilungsprobleme. Eine Einführung in die Beurteilungs- und Bewertungsfragen in der Schule. Weinheim/Basel 1976

Kleber, E. W.: Diagnostik in pädagogischen Handlungsfeldern: Einführung in Bewertung, Beurteilung, Diagnose und Evaluation. München/Weinheim 1992

Köck, P.: Praxis der Beobachtung. (2. Aufl.), Donauwörth 1990

Kornadt, H.-J: Lehrziele, Schulleistung und Leistungsbeurteilung. Düsseldorf 1975

Krathwohl, D. R., u. a. (Hrsg.): Taxonomie von Lernzielen im affektiven Bereich. Weinheim 1975

Lederer, A.: Analyse von Prüfungen und Prüfungsaufgaben in ausgewählten Fächern der Realschule. Theoretische Grundlagen und empirische Untersuchung. Schriftl. Hausarbeit zur 1. Staatsprüfung für das Lehramt an Realschulen an der Universität Erlangen-Nürnberg im Frühjahr 1999. Nürnberg 1998

Lienert, G. A.; Ratz, U.: Testaufbau und Testanalyse. (6. Aufl.), Weinheim 1998

Lienert, G. A.: Schulnoten-Evaluation. Frankfurt 1987

Lippitz, M.: Die mündliche Prüfung. In: Berufsbildung 45 (1991), H. 9/10, S. 360-363

Ludwig, P. H.: Pygmalion im Notenbuch: Die Auswirkungen von Erwartungen bei der Leistungsbeurteilung und -rückmeldung. In: Pädagogische Welt H. 3, 1999, S. 114-119

Lukesch, H.: Einführung in die pädagogisch-psychologische Diagnostik. Regensburg 1998

Merton, R.: The Self-fulfilling-prophecy. In: The Antioch Review. Neu York 1958

Meyenberg, R.: Zensurengebung in der Schule. (3. Aufl.), Hannover 1992

Mietzel, G.: Interpretation von Leistungen: Dargestellt aus der Sicht der Attribuierungstheorie. Opladen 1982

Olechowski, R.: Schülerbeurteilung unter dem Aspekt der Humanisierung der Schule. In: Olechowski, R./Persy, E. (Hrsg.): Fördernde Leistungsbeurteilung. S. 22-37, Wien/München 1987

Olechowski, R.; Persy, E. (Hrsg.): Fördernde Leistungsbeurteilung. Wien 1987

Olechowski, R.; Rieder, K. (Hrsg.): Motivieren ohne Noten. Wien 1990

Reimers, H.: Was leisten Verbalzeugnisse? In: Die Deutsche Schule 83 (1991), H. 3, S. 334-347

Reisner, H.: Wie lassen sich mündliche Leistungen bewerten? In: Der fremdsprachliche Unterricht 26 (1992), H. 8, S. 32-36

Rheinberg, F.: Bezugsnormorientierung. In: Rost, D. H. (Hrsg.): Handwörterbuch Pädagogische Psychologie. S. 39 - 43, Weinheim 1998

Rheinberg, F.: Leistungsbewertung und Lernmotivation. Göttingen/Toronto/Zürich 1980

Rheinberg, F. (Hrsg.): Bezugsnormen der Schulleistungsbewertung. Düsseldorf 1982

Rheinberg, F.: Individuelle Bezugsnormen der Leistungsbeurteilung und Motivation im Unterricht. In: Pädagogische Welt 49 (1995), H. 2, S. 59-62

Rieder, K.: Problematik der Notengebung. In: Olechowski, R./Rieder, K. (Hrsg.): Motivieren ohne Noten. Wien/München 1990, S. 16-55,

Rolff, H. G., u. a. (Hrsg.): Jahrbuch der Schulentwicklung, Bd. 6, 1990

Rolff, H.-G.: Schule und gesellschaftlicher Wandel. In: Beilage zur Wochenzeitung. Das Parlament, B. 27. 1989

Rosemann, H.: Schülerbeurteilung. Berlin 1975

Roth, H.: Pädagogische Anthropologie, Bd. II: Entwicklung und Erziehung. (2. Aufl.), Hannover 1976

Rütter, Th.: Formen der Testaufgabe. In: Klauer, K-.J. (Hrsg.): Handbuch der Pädagogischen Diagnostik, Studienausgabe, Bd. 1, Düsseldorf 1982, S. 257-280

Sacher, W.: Praxis der Notengebung. Bad Heilbrunn/Obb. 1984

Sacher, W.: Prüfen, Beurteilen, Benoten. Bad Heilbrunn/Obb. 1994, 2. Aufl. 1996

Sacher, W.: Quantitative Analyse schulischer Leistungsüberprüfungen. Nürnberg 2000 (Schulpädagogische Untersuchungen Nürnberg, Nr. 10)

Sacher, W.: Statistik für Benutzer programmierbarer Taschenrechner. (2. Aufl.), München 1980

Sacher, W.: Tests und Klausuren in der Schule. Wie mache ich das? In: Pädagogik H. 4, 1999, S. 43-47

Saldern, v.M.: Schulleistung in Diskussion. Hohengehren 1999

Scheerer, H.; Schmied, D.: Verbalbeurteilung in der Grundschule. In: Zeitschrift für Pädagogik 31 (1985), H. 2, S. 175-200

Schmack, E.: Nordrhein-Westfalens neues Grundschulzeugnis in der Bewährung – Ergebnisse einer Stichprobenauswertung. In: Bolscho, D. u. a., a. a. O. 1979, S. 130-147

Schmidt, G.-D.: Die mündliche Abschlussprüfung fachspezifisch weiter ausgestalten. In: Physik in der Schule 28 (1990), H. 1/2, S. 18-24

Schmidt, H. J.: Grundschulzeugnisse in Niedersachsen. Lüneburg 1980

Schmidt, H. J.: Grundschulzeugnisse unter der Lupe. In: Die Deutsche Schule 73 (1981), S. 486-496

Schmidt, H.-J.: Reformziel noch nicht erreicht – Fazit einer Untersuchung niedersächsischer Grundschulzeugnisse. In: Olechowski, R. / Persy, E. a. a. O. 1987, S. 228-247

Schmidt, U.: Lernen, Leisten, Beurteilen unter besonderer Berücksichtigung mündlich erbrachter Leistungen. Das Gymnasium im Spannungsfeld unterschiedlicher Ansprüche und Erwartungen. In: Die höhere Schule 38 (1985), H. 6, 188, S. 190-195

Schnitzer, A. (Hrsg.): Schwerpunkt Leistung in der Schule. München 1981

Schröder, H.: Leistung in der Schule. Begründung – Forderung – Beurteilung. München 1990

Schwarzer, Ch.: Lehrerurteil und Schülerpersönlichkeit. Kognitive Stile und Sozialschicht als Einflussgrößen für die Beurteilung bei Schulbeginn. München 1976

Schwarzer, R.: Fallstudie zur Evaluation der Neuregelung von Zeugnissen in der Grundschule. RWTH Aachen 1980

Stritzke, R.; Harters, M.; Wenzel, K.: Schüler kennen und beurteilen. (2. Aufl.), Donauwörth 1991

Thomas, H.: Überblick über Untersuchungen zur verbalen Beurteilung. Konsequenzen für die Konzeption des Unterrichts. In: Olechowski, R./Persy, E. a. a. O. 1987, S. 248-263

Thüringer Institut für Lehrerfortbildung, Lehrplanentwicklung und Medium (Hrsg.): Was ist neu an den Thüringer Lehrplänen für Grundschule, Regelschule, für Gymnasium? Bad Berka 1998

Tillmann, K. J./Vollstädt, W.: Die Funktion der Leistungsbeurteilung in unterschiedlichen Schulstufen und Bildungsgängen – eine schultheoretische Einordnung. In: Beutel, S.-I. u. a. (Hrsg.): Ermittlung und Bewertung schulischer Leistungen. Hamburg. 1999, S. 8-37

Tusch, H.: Die mündliche Prüfung im Ausbildungsalltag. In: Schweizer Schule 73 (1986), H. 9, S. 18-24

Ulbricht, H.: Wortgutachten auf dem Prüfstand: Eine empirische Untersuchung zur verbalen Beurteilung in der 1. und 2. Klasse der Grundschule mittels Elternbefragung und Zeugnisanalyse. Reihe: Internationale Hochschulschriften. Münster/New York 1993

Vaupel, D.: Das Wochenplanbuch für die Sekundarstufe. Schritte zum selbstständigen Lernen. (3. Aufl.). Weinheim/Basel 1998

Wagner, P.: Aufsatzkorrektur als professionelles Alltagshandeln. Frankfurt a. M. 1981

Weiner, B.: Die subjektiven Ursachen von Erfolg und Misserfolg: Anwendung der Attribuierungstheorie auf das Leistungsverhalten in der Schule. In: Edelstein, W./Hopf, D. (Hrsg.): Bedingungen des Bildungsprozesses. Stuttgart 1973, S. 79-93

Ziegenspeck, J.: Handbuch Zensur und Zeugnis in der Schule. Bad Heilbrunn/Obb. 1999

Ziegenspeck, J.: Zensur und Zeugnis – ein Mängelbericht. In: Bolscho, D./Schwarzer, C. (Hrsg.): Beurteilen in der Grundschule. München 1979, S. 36-53

Zielinski, W.: Die Beurteilung von Schülerleistungen. In: Weinert, F. u. a. (Hrsg.): Funkkolleg Pädagogische Psychologie, Band 2 (2. Aufl.). Frankfurt/M. 1975, S. 901-924